安永 悟
Satoru Yasunaga

須藤 文
Fumi Sudo

著

LTD
話し合い
学習法

Learning through Discussion

ナカニシヤ出版

まえがき

　本書を手にした皆さん一人ひとりを心より歓迎します。「LTD話し合い学習法」を初めて知った方も既にご存じの方も，皆さんが学生であっても教師であっても，そして一般の方であっても，本書は皆さんの学びに役立つと信じています。
　本書を通してLTDを学び，仲間との実践を通してLTDの世界を堪能してください。LTDが身につけば，学び方と学びの質が変わります。学びが変われば人生が変わります。LTDはあなたの人生を豊かにする学習法です。LTDを通して仲間と共に変化成長できる素晴らしさを実感してください。

《LTD話し合い学習法とは》
　LTD（Learning Through Discussion）は文章読解における理想的で実践的な学習法です。LTDの手順と，その背後にある考え方はLTD過程プランに凝縮されています。LTD過程プランは「雰囲気づくり，言葉の理解，主張の理解，話題の理解，知識との関連づけ，自己との関連づけ，課題文の評価，ふり返り」の8ステップで構成されています。過程プラン全体の目的と，ステップごとの目的を理解し，決められた手順に沿って課題文（教材）を学びます。初めは一人で，次に仲間と一緒に。LTDを繰り返すことで次の効果が期待できます。

① 課題文の理解と記憶の促進
② 確かな知識の定着と活用力の向上
③ 論理的な言語技術の発達
④ 分析的・批判的思考スキルの獲得
⑤ 効果的な教え方と学び方の獲得
⑥ 対人関係スキルの発達と仲間関係の改善
⑦ 個人的な満足と学習意欲の向上
⑧ 学習・仲間・学校に対する捉え方の変化
⑨ 主体性と能動性の獲得
⑩ 民主・共生社会の基盤となる価値観の醸成

《対象者》
　LTDはもともと大学生を対象に，主体的な学習者の育成をめざして考案された学習法です。しかし，少しの工夫により，LTDの理念を損なうことなく小学校・中学校・高等学校の児童・生徒にも使えます。小学校の高学年以上であればLTDを用いた授業が可能であり，LTDに期待される効果を得ることができます。
　むろん，社会で活躍されている皆さんにも試してもらいたい学習法です。自分の学び方をふり返り，磨き直すきっかけになります。
　なかでも教師の皆さんにはお勧めです。LTDを体得することにより，教えることや学ぶことの意味，さらにはグループ学習についての考え方が変わります。LTDを基盤とした授業づくりで授業の質が向上します。

《本書の構成》

本書は3部構成になっています。

第1部（1-3章）ではLTD話し合い学習法とは何かを理解することが目的です。1章ではLTDの概要と基本事項を述べます。また，2章ではLTD過程プランに基づく予習の方法を，3章ではミーティングの方法を，具体例を交えながら解説します。

第2部（4-5章）では，LTDの実践力を高めるのに必要な理論を知ることが目的です。4章ではLTDの有効性を高める実践上の工夫を，5章ではLTDの実践を支える協同学習の理論を説明します。

第3部（6-8章）では，LTDを用いた授業づくりの実際を知ることが目的です。6章では大学生を対象にした標準的なLTDの授業づくり（標準型LTD）を説明します。7章では標準型LTDをアレンジした短縮型LTDと分割型LTDを用いた授業づくりを説明します。分割型LTDに関しては小学生と専門学校生を対象とした二つの授業例を紹介します。専門学校生を対象にした授業では，読解に加えてディベートや文章作成など，論理的な言語技術の育成を目的としました。そして最後の8章ではLTD授業の評価方法について述べます。

巻末には，LTDを基盤とした授業づくりに役立つ各種の学習教材や心理尺度などを掲載しています。

《本書の使い方》

本書は，LTDを体系的に理解できるように構成しています。LTDを初めて学ぶ方は本書の構成に沿って第1部からお読みください。効率的にLTDを理解できます。既にLTDを実践されている方や，授業づくりに活用されている方は，ご自身の興味関心に沿って，関連する部分から読み始めることもよいでしょう。むろん，第1部から読んでいただければ体系的な復習になり，さらに深い理解が期待できます。

LTDの解説書である本書は，大学や専門学校の教科書としても使えます。具体的には，大学での学び方や暮らし方を支援する「初年次教育」科目の教科書として，または小グループでの学び合いを取り入れている授業やゼミや研究会などの副読本として使えます。

さらに，本書は授業づくりの解説書としても活用できます。第3部に紹介したLTDを基盤とした授業づくりの実践例から「確かな学力」と「自己の成長」を促す授業づくりのヒントを得ることもできます。

《本書の期待と願い》

本書では，LTDを基盤とした授業づくりを通して，初等中等教育で謳われている「生きる力」や，高等教育で標榜されている「学士力」の育成をめざしています。先の見通しが立ちにくく，ストレスに満ちた複雑な社会を，仲間と一緒に，力強く生き抜くために必要な力が「生きる力」であり，「学士力」です。両者がめざす方向は一致しており，「生きる力」や「学士力」を育む教育がいまの社会には求められています。なかでも「生きる力」や「学士力」の基盤となる「我と我々の世界を生きる力」と「言葉の力」の育成（梶田，2008）は，校種を問わず，教育界が総力をあげて達成すべき最優先課題といえます。これらの課題を達成するためにLTDは大きな役割を果たせると確信しています。

LTDを授業づくりに活かすと活動性の高い授業が実現します。活動性の高い授業とは，クラスの仲間一人ひとりが自分と仲間の学習過程に深く関与し，主体的かつ積極的に学び合い，教え合う授業です（安永，2012）。授業に参加している生徒はもちろん，指導者である教師も「学び」について新たな発見があり，授業を楽しむことができます。「学び」を通して大きく変化成長している「自分」と「仲間」に出会えます。実際，LTDを経験した多くの皆さんが自分自身の変化に驚き，仲間の素晴らしさに感

動し，仲間と共に学ぶ喜びと，その価値を実感しています。LTD を活かした活動性の高い授業づくりが，教育界に広く定着することを願っています。

社会が求める人材の育成は学校教育のなかだけで完成するものではありません。あくまでも，その基盤づくりが学校や大学における教育の役割です。変化の激しい社会を生き抜くためには，社会で活躍している皆さんも常に学び続けることが求められます。LTD を積極的に活用することで，所属する集団や組織と自分自身の生産性を高め，実り豊かな人生を実現するための一助になればと願っています。

《本書の出版について》

本書は 2006 年に上梓した前著『実践・LTD 話し合い学習法』の進化版です。

前著の出版以来，LTD の有効性が徐々に理解され，実践例も増えてきました。その一部は，教育関係の学会で報告されたり，研究論文として専門雑誌で発表されたりしています。なかでも 2011 年に久留米大学で開催した初年次教育学会の第 4 回全国大会で LTD を取り上げたところ，授業外学習時間を延ばす学習法として大きな注目を集めました。その内容は日本経済新聞（2011）の教育欄でも取り上げられ，学会が編集した書籍でも紹介されました（古庄，2013）。

しかしながら，前著は必ずしも読みやすいものではありませんでした。読者の皆さんから「LTD は難しい」という声をしばしばお聞きしています。確かに LTD は複雑な学習法です。修得するにはそれなりの努力が必要です。しかし，読者に難しいというイメージを与えたのは，LTD 自体ではなく，偏に筆者の説明不足にその原因があったと反省しています。せっかく関心をもっていただいたにもかかわらず，説明の稚拙さが原因で LTD の実践をあきらめた方もいらっしゃったのではないかと残念に思います。この反省から，分かりやすい LTD の解説書を書きたいという思いが以前からありました。

前著の出版から 8 年が経ちました。この間，LTD に関心をもつ仲間も増え，LTD の研究と実践が大きく前進しました。特に，大学生を対象とした LTD を小学生でも使えるようにアレンジし，大きな成果を得ることができました（須藤・安永，2009，2010，2011）。また LTD で育成した「読む力」を「書く力」の育成につなげる授業づくりも成果をあげています（須藤・安永，2014）。このように「聴く・読む・話す・書く・看る」そして「考える」といった活動の根底をなす「言葉の力」を高めるために，LTD を基盤とした授業づくりが有効であることを，小学生から大学生までを対象とした実践の場で確かめることができました。

これらの研究と実践の成果を皆さんと共有したいという思いと，以前からあった分かりやすい解説書を提供したいという思いが相まって，今回の出版を計画しました。

本書は基本的に前著の内容を踏襲しています。しかし，先にふれた最近の研究や実践の成果など，前著にはなかった新しい内容も数多く含んでいます。また，LTD 過程プランを分かりやすく解説するために，過程プランのステップの名称を一部変更しました。そのうえで，各ステップで求められる学習手順の説明を見直しました。さらに，実際の授業や研修会で用いているスライドや授業場面のイラストを配置して，分かりやすい紙面構成を試みました。加えて，LTD を用いた授業の実践例を紹介し，具体的なシラバスや教材なども収録しました。したがって，本書は前著の単なる改訂版ではなく，前著の内容を大きく越える進化版と位置づけることができます。

本書がきっかけとなり，多くの皆さんと LTD の素晴らしさを共有でき，LTD の愛好者が一人でも増えれば，これほど嬉しいことはありません。

著者代表　安永　悟

謝　辞

　本書の出版にあたっては，前著同様，多くの皆さんに支えられました。そのすべての皆さんに心から感謝の気持ちをお伝えします。

　まず，LTDを基盤とした授業づくりに，共に取り組んでいただいた小学校から大学までの先生がた，なかでも安永研究室が主催している「授業づくり研究会」の皆さんには心よりお礼申し上げます。皆さんから寄せられた貴重な意見や感想によって，また皆さんとの真摯な議論によって，LTDの研究と実践をここまで鍛え上げることができました。その結果，読解力や対話力を育成するLTDから，「聴く・読む・話す・書く・看る」の根底にある論理的な言語活動に支えられた思考力を育成するLTDへと，新しい地平を切り拓くことができました。これからも皆さんとの交流を通して，LTDの新たな世界を追い求めていきたいと思っています。

　次に，授業でLTDに取り組んでいただいた児童・生徒・学生の皆さん，研修会や講演会などで実際にLTDを体験していただいた先生がたにお礼申し上げます。これまでに経験したことのないLTDに最初は戸惑われたことでしょう。それだけに，皆さんからの反応やコメントは，LTDを検討するうえで貴重な手がかりとなりました。

　LTDが普及するにつれ，各種の学会や研究会でLTDが取り上げられることが多くなりました。そこではLTDの実践家や研究者である，多くの皆さんと積極的に意見交換することができました。LTDについて語り合ったすべての皆さんに感謝します。

　安永研究室に在籍する院生の松永有紀子さんと，卒業生の山田慧美さんにお礼申し上げます。松永さんには原稿のチェックをはじめ細かな作業をお願いしました。また，山田さんには素敵なイラストを描いていただきました。いつも笑顔で作業を引き受けていただいた二人にお礼申し上げます。

　LTDに関する和書としてはこれで三冊目になります。前の二冊と同様，今回も出版を快く引き受けていただいた株式会社ナカニシヤ出版の皆さん，特に編集長の宍倉由高さんと，編集を担当いただいた山本あかねさんにお礼申し上げます。

2014年初夏　　著者

もくじ

まえがき i
謝　辞 v

第1部　LTDの理論と方法

1章　LTDの概要と基本事項 … 3
　　1．LTD話し合い学習法とは　3
　　2．LTDの前提　6
　　3．LTDの構成と過程プラン　7
　　4．LTDに期待される成果　12
　　5．まとめ　15

2章　予習の方法 … 17
　　1．課題文の配付方法と予習　17
　　2．課題文の読み方　18
　　3．過程プランに基づく予習の方法　20
　　4．まとめ　36

3章　ミーティングの方法 … 37
　　1．ミーティングの基本　37
　　2．ミーティングに臨む基本姿勢　39
　　3．過程プランに基づくミーティングの方法　41
　　4．まとめ　56

第2部　LTDの実践を支える理論と工夫

4章　LTDを支える実践上の工夫 … 61
　　1．グループ編成の考え方　61
　　2．グループの編成方法　64
　　3．仲間づくり　68
　　4．自己紹介の創意工夫　70
　　5．協同学習の基本技法　74
　　6．話し合いを活性化する質問ステム　77

7．理解を促進する発言　　78
　　　8．話し合いの展開方法　　79
　　　9．話し合いを展開する全体的な役割　　80
　　　10．話し合いの基本原理　　81
　　　11．まとめ　　82

5章　LTDの実践を支える教育理論　　85
　　　1．協同学習の定義　　85
　　　2．協同学習の特徴　　86
　　　3．協同学習とグループ学習の違い　　87
　　　4．協同に基づく教授学習観　　89
　　　5．協同学習の基本要素　　91
　　　6．まとめ　　95

第3部　LTDによる授業づくり

6章　大学授業へのLTD導入法　　99
　　　1．授業づくりの基礎　　99
　　　2．LTD授業のための環境整備　　102
　　　3．LTDを用いた授業1コマの構成　　104
　　　4．LTDミーティング中の指導法　　105
　　　5．LTD導入の基本ユニット　　108
　　　6．「LTDを教える授業」の導入時期　　110
　　　7．「LTDで教える授業」の導入方法　　110
　　　8．課題文の選定と配列　　111
　　　9．まとめ　　113

7章　LTD授業の展開　　115
　　　1．標準型LTD導入の問題点　　115
　　　2．短縮型LTD　　116
　　　3．分割型LTD　　120
　　　4．LTDを基盤とした授業づくり　　125
　　　5．まとめ　　131

8章　LTD授業の評価　　133
　　　1．授業評価の概要　　133
　　　2．授業評価の方法　　136
　　　3．LTDに関連した評価方法　　138
　　　4．まとめ　　141

引用文献　　143

付　録

付録 2-1　課題文「大学での学び方」（2章, p.17）　*147*
付録 2-2　予習ノート例（2章, p.17）　*150*
付録 2-3　予習ノートの工夫（2章, p.20）　*153*
付録 2-4　レポートの構成とLTD過程プラン（2章, p.26）　*155*
付録 6-1　LTDミーティング記録紙（6章, p.103）　*157*
付録 6-2　LTDを組み込んだ初年次科目「教養演習」のシラバス例（6章, p.109）　*159*
付録 6-3　LTDを組み込んだ専門科目「教育心理学」のシラバス例（6章, p.109）　*160*
付録 7-1　LTD話し合い学習法を活用した授業の単元計画表（7章, p.122）　*161*
付録 7-2　St.5の予習で用いた学習プリント（7章, p.122）　*162*
付録 7-3　授業記録紙（7章, p.127）　*163*
付録 8-1　ディスカッション＝イメージ尺度（8章, p.137）　*165*
付録 8-2　ディスカッション＝スキル尺度（8章, p.138）　*167*
付録 8-3　コミュニケーション不安尺度（8章, p.138）　*169*
付録 8-4　思考動機尺度（8章, p.138）　*171*
付録 8-5　協同作業認識尺度（8章, p.138）　*173*
付録 8-6　大学への適応感尺度（8章, p.138）　*174*
付録 8-7　授業通信（8章, p.140）　*175*

あとがき　*177*
索　引　*179*

第1部　　LTD の理論と方法

第1章
LTDの概要と基本事項

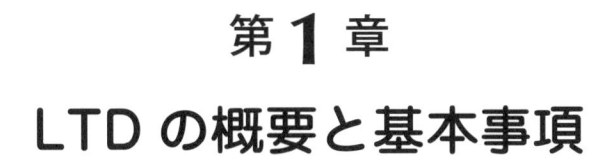

　LTD 話し合い学習法は，心理学の知見を活かした読解法であり，対話法です。協同学習の複雑な技法ともいえます。仲間との教え合いと学び合いを通して，学習教材である課題文を深く読み解くのがLTDの目的です。本章では，LTDの全体像を紹介し，LTDの基本的な考え方，方法，および期待される効果について説明します。

　「LTD」は Learning Through Discussion の略語です。「討論で学ぶ」という意味です。日本では「LTD 話し合い学習法」と呼んでいます。単に「LTD 学習法」や「LTD」と呼ぶこともあります。協同学習に対する関心が高まった昨今の教育現場では，既にさまざまな「話し合い学習」が実践されています。そこで，他の「話し合い学習法」と区別するために，頭に「LTD」をつけています。

1．LTD 話し合い学習法とは

LTD話し合い学習法とは

- 提　唱：W. F. Hill (1962)
  - 継承：Rabow, et al.(1994, 2000)；安永(2006)
  - 問題意識：
    - 大学教育への危機感
    - 学びに対する学生の失望と夢の喪失
    - 学習過程の軽視と受動的な学習態度
    - 記憶中心の学習

スライド 1-1　LTD 話し合い学習法とは

(1) 出　典

　LTD は米国の社会心理学者 W. F. ヒル博士（William F. Hill）が考案した学

習法です。LTD を紹介した最初の書籍が 1962 年に上梓されています。その後，米国では，レイボウ，チャーネス，キッパーマン，ベイシルにより 1994 年に改訂版（Rabow, Charness, Kipperman, & Radcliffe-Vasile, 1994）が，そして 2000 年に第 3 版が出版されています。日本では改訂版の翻訳が 1996 年に，そして 2006 年には本書の前身となる解説書が出版されています（安永，2006）。

（2）問題意識

　LTD が生まれた背景には大学教育の荒廃がありました。ヒル博士によれば，当時，大学生の多くは将来に夢をもてず，大学での学びに失望していました。学びに対して受け身であり，学習の過程よりも結果を，理解よりも記憶を重視した学習が主流を占めていました。学生たちが主体的に学べていない状況に心痛めたヒル博士は，学ぶ喜びを学生に体験させたいと考え，LTD を考案しました。

　ヒル博士が心痛めた当時の大学教育の様子と，いまの日本の大学教育の様子とが，あまりにも似ていることに驚きます。当然，その背景は違いますが，主体的かつ能動的に学べていないという点は見事に一致しています。

　いまの学生には 21 世紀の主体者として社会をリードすることが期待されています。しかし，先の見えない社会情勢や長引く経済不況が大きく影を落とし「努力すれば報われる」という実感をもてず，将来に対して明るい展望を描けないまま，日々むなしく過ごしている学生が少なからずいます。彼らに接するたびにヒル博士の思いに共感し，現状を放置できないという強い危機感を覚えます。

（3）LTD の目的

```
             LTD の目的

    □ 具体的な目的
       □ 課題文の深い読解
       □ 基本的な学習スキルの育成
       □ 批判的思考力の育成
       □ 自己学習能力の育成

    □ 理念的な目的
       □ 真なる学びの追求，学ぶ喜びの復活
       □ 民主・共生社会の実現
```

スライド 1-2　LTD の目的

LTDには具体的な目的と理念的な目的があります。

LTDの具体的な目的は，学習教材である課題文を深く読み解くことです。深く読み解くとは，課題文に書かれている著者の主張を，できるだけ客観的に正しく読み取ることだけではありません。読み取った内容を世の中のさまざまな情報や自分の知識と広く関連づけ，多様な解釈を試みる。さらには，自分自身と関連づけ，自分の日常生活に活かし，生活を豊かにすることも含みます。ここまでを意図した深い読みがLTDにとっての読解です。

また，仲間との対話を通して課題文を読み解く過程で，基本的な学習スキルが獲得され，批判的な思考力や自己学習能力が育ちます。これらもLTDの具体的な目的の一つです。LTDの実践は，主体的かつ能動的に学ぶために必要な態度やスキルを獲得する格好の場となります。

理念的な目的を一言で表現すれば「真なる学びの追求」といえます。本来，学習は興奮と喜びに満ちた活動です。学生には，学ぶことの楽しさや面白さを知り，学び続けることの意味とその素晴らしさを体験してもらいたいものです。これがLTDを研究し，実践している者に共通した基本的な願いといえます。

さらに，LTDの実践は，人間の自由や平等を尊重する民主主義を鍛える場にもなります。他者との協同や協力を基盤とするLTDは「個」を大切にします。LTDで共に学ぶ一人ひとりが何を感じ，何を考え，何を学び取っているのか，参加者一人ひとりの学びを重視します。同時に，「個」を大切にすることの延長線上に立ち現れる「仲間」を大切にします。「仲間」の存在の大きさと，何ものにも変えがたい価値を，参加者一人ひとりが明確に意識することで，個と集団のバランスがとれた学習コミュニティが形作られます。

この学習コミュニティこそが，自由平等の原理に基づき，共に仲良く暮らすという「民主・共生」の価値観を醸成し，民主・共生社会の実現にむけた訓練の場となります。民主・共生社会の実現，つまりすべての人が平和で仲良く幸せに暮らせる社会（出光，2013）の実現が，LTDの究極の目的といえます。

（4） LTDの特徴

LTDには幾つかの特徴があります。ここでは「学び合い」「課題解決優先」「LTD過程プラン」の三点をあげておきます。

最初の特徴は，小グループによる学び合いの有効性を認め，積極的に活用するという点です。グループでの積極的かつ対等な話し合いを通して，参加者一人ひとりが課題文の理解を深めます。小グループ[1]の教育的使用という意味では，協同学習一般の考え方と軌を一にしており（Smith, 1996），仲間と心と力を合わせて学び合うという「協同の精神」を大切にする学習法といえます（安永, 2012）。

二つ目の特徴は，課題文の理解を主たる目的としたグループ活動という点です。教育場面でグループを活用する際，二つの目的を区別できます。一つは学習課題の解決をめざした活用です。もう一つは人間関係の改善をめざした活用です。前者は課題志向のグループであり，後者は集団志向のグループです。

[1] 一般的に，大学生を対象としたLTDミーティングでは4人グループを基本とし，人数調整が必要な場合，5人グループにしています。グループ構成に関しては4章「グループ編成の考え方」（p.61）を参照してください。

```
┌─────────────────────────────────────┐
│          LTDの特徴                   │
│                                     │
│    ▫ 学び合い                        │
│       ▫ 小グループの教育的使用        │
│       ▫ 協同の原理に基づく学習方略     │
│                                     │
│    ▫ 課題解決優先                    │
│       ▫ 課題解決 ＞ 人間関係づくり     │
│                                     │
│    ▫ LTD過程プラン                   │
│       ▫ 理想的で実践的な学習法・対話法  │
│                                     │
└─────────────────────────────────────┘
```

スライド1-3　LTDの特徴

LTDは前者の課題解決を志向したグループ活動といえます。これも協同学習一般と共通する特徴です。むろん，課題文の理解にむけ，仲間と協力し，積極的に学び合うことで，より望ましい人間関係が構築・維持・展開されることも期待できます。

　三つ目の特徴はLTD過程プランです。この過程プランにはLTDの考え方と手順が凝縮されています。過程プランはグループ＝ダイナミックスやブルームの教育理論，さらには認知心理学や学習心理学の知見に裏打ちされた効果的で効率的な学習過程です。LTDが理想的で実践的な学習法であり，対話法であるといわれる理由はここにあります。この学習法を修得することにより，学習結果だけでなく，結果にいたる学習プロセスを理解できます。また，主体的な学習に必要なスキルが身につきます。

2．LTDの前提

（1）対象者

　小学校高学年以上であればLTDを活用できます。LTDは，もともと大学生を対象に開発された技法です。しかし最近の研究によれば，工夫次第で，小学校高学年でも活用できることが確かめられています（須藤・安永，2009，2010，2011）。

　むろん学年や年齢が問題ではありません。学習仲間と協力して学び合うという経験と，学び合いに必要となる基本的なスキルや態度が問題となります。これらのスキルや態度が獲得されていれば誰でもLTDを実践できます。獲得できていないと，たとえ大学生であっても上手くいきません。

　しかし，LTDを実践するために必要な基本的スキルや態度を獲得できていない生徒や学生であっても，協同学習の理論と方法で学習環境を整えることにより，LTDの世界を体験させることは可能です。その方法についての説明は

> **LTDの対象者と課題文**
>
> □ 対象者：小学校高学年以上
> - LTDは当初，大学生を対象に開発
>
> □ 課題文：学習課題（テキスト）
> - 領域，形式，用途 ⇐ 不問
> - 物語，説明，記録，評論，論文，随筆，その他
> - 教育的，職業的，公的，私的

スライド 1-4　LTDの対象者と課題文

本書の第2部や安永（2012）を参考にしてください。

（2）課題文

　LTDでは学習課題としてテキストを用います。ここでいうテキストとは文章で書かれた「ひとまとまり」のものを指します。連続型テキストと呼ばれることもあります。本書では学習課題としての連続型テキストを「課題文」と呼びます。

　LTDで用いる課題文の領域や内容，用途に制約はありません。教科書でも，論文でも，評論やエッセイ，さらには新聞記事でもかまいません。学習目的を前提に，学生の興味関心や言語能力，LTDの習熟度などを考慮して適切な課題文を準備してください。

　これまでの経験からいえば，著者の主張が明確な課題文ほどLTDには適しています。特に，学習者がLTDに慣れていない段階では，著者の主張が明確なほど，過程プランに沿った学習がスムーズに展開するようです。詳しい解説は6章「課題文の選定と配列」（p.111）をご覧ください。

3．LTDの構成と過程プラン

（1）LTDの構成

　LTDは予習とミーティングで構成されています。予習では学生が一人で課題文を読み，予習ノートを作ります。ミーティングでは予習ノートを手がかりに仲間と一緒に課題文を読み進めます。その際，一人で読むときも，仲間と一緒に読むときも，同じLTD過程プランに従って課題文を読み解きます。

　一般的に「話し合い」を中心とした学習では，仲間とのミーティングが重視され，学生が一人で行う予習が軽視されがちです。しかし，これは大きな間違いです。ミーティングの質を保証するのが予習です。LTDにおいて予習は極

```
        LTDの構成と過程プラン
   ━━━━━━━━━━━━━━━━━━━━━━━━━━
   □ 構成：LTD ＝ 予習 ＋ ミーティング
              ━━━━━━━━━━━━━━━━━━━
              (個人思考)  (集団思考)
              予習ノート
                 ↑

   □ 原理：LTD 過程プラン
           ━━━━━━━━━━━━
        □ 思考過程に依拠した学習と対話の基礎
        □ 理論的背景：グループ＝ダイナミックス
                      ブルームの教育理論
                      認知心理学　学習心理学
```

スライド 1-5　LTD の構成と過程プラン

めて大切な活動です。予習せずにミーティングに参加しても期待される効果は得られません。そもそも予習なしのミーティングは，たとえ過程プランに沿ってミーティングを行ったとしても LTD と認めることはできません。

　協同学習の言葉を借りれば，予習が「個人思考」に，ミーティングが「集団思考」にあたります。話し合いや協同作業を効率的かつ効果的に進めるためには，仲間一人ひとりによる予習すなわち個人思考が大きな役割を果たします。集団思考と同等以上に個人思考が大切であるという点は協同学習におけるグループ活動全般にあてはまります。

　LTD 過程プランに沿った予習とミーティングを理解することが，LTD を体得する基本となります。以下，過程プランの概要を説明します。詳細については第 2 章と第 3 章をご覧ください。

（2）LTD 過程プラン（ミーティング用）

　スライド 1-6 に示すのがミーティングで用いる LTD 過程プランの 8 ステップです。各ステップには，それぞれの目的があります。その目的を活動内容の欄に示しています[2]。この活動内容を手がかりに，過程プラン全体を「導入・理解・関連づけ・評価」の 4 段階に大別することもできます。

　各ステップの目的を達成するために，ステップごとに行うべきことと，行ってはいけないことが決められています。また，LTD のミーティングは 60 分間で計画されています。この 60 分間で 8 ステップを行うために，ステップごとに細かな時間制限が設けられています。これも LTD の大きな特徴です。

（3）LTD 過程プラン（予習用）

　予習で用いる過程プランをスライド 1-7 に示しています。予習用の過程プランも基本的にはミーティング用の過程プラン（スライド 1-6）と同じです。特に，step 2 から step 7 までの活動内容は一緒です[3]。むろん，予習は個人で，

---

[2] 分かりやすさの観点から，本書では過程プラン 8 ステップの活動内容の表記を前著から一部変更しました。むろん各ステップの目的と活動内容は前著と同じです。ちなみに，前著では 8 ステップを「導入，語句の理解，主張の理解，話題の理解，知識の統合，知識の適用，課題の評価，活動の評価」と表現していました。

[3] 過程プランのステップ全体を指す場合「ステップ」と表現し，各ステップを指す場合，「step」と表現します。

LTD過程プラン（ミーティング用）

段階	ステップ	活動内容	配分時間
導入	step 1	雰囲気づくり	3分
理解	step 2	言葉の理解	3分
	step 3	主張の理解	6分
	step 4	話題の理解	12分
関連づけ	step 5	知識との関連づけ	15分
	step 6	自己との関連づけ	12分
評価	step 7	課題文の評価	3分
	step 8	ふり返り	6分
		（合計 60分）	

スライド 1-6　過程プラン（ミーティング）

LTD過程プラン（予習用）

段階	ステップ	活動内容
導入	step 1	全体像の把握
理解	step 2	言葉の理解
	step 3	主張の理解
	step 4	話題の理解
関連づけ	step 5	知識との関連づけ
	step 6	自己との関連づけ
評価	step 7	課題文の評価
準備	step 8	リハーサル

スライド 1-7　過程プラン（予習）

ミーティングはグループで行うという違いはあります。

　予習とミーティングで違う点もあります。まず，step 1 と step 8 の活動内容が違います。これらのステップは個人による作業かグループによる作業かの違いを反映しています。予習の step 1 では個人で課題文を読み始める準備を，ミーティングの step 1 ではグループで話し合いを始める準備を行います。両者ともこれから始まる活動の準備という意味では同じです。したがって，両者とも「導入」段階としました。

　一方，step 8 は予習とミーティングで活動内容が大きく変わります。予習では，個人での予習内容をふり返り，ミーティングに備えます。それに対してミーティングの step 8 は，予習とミーティングを含めた LTD の活動全体をふり返ります。活動のふり返りを通して，次回の LTD の実践に備えるのがミーテ

ィングの step 8 です。

　さらに，予習とミーティングの最も大きな違いは時間制限です。ミーティングには時間制限があり，予習にはありません。ミーティングに時間制限を設けているのは，話し合いの効率を高めることが目的です。また，与えられた時間内に簡潔な言語表現を用いて他者との対話を深める力を育成することも意図しています。協同学習の多くの技法が時間制限を採用しているのと同じ発想です。

　一方，予習に時間制限はありません。何事もそうですが準備は極めて大切です。LTD にとっても同様です。実際，LTD 過程プランに沿って課題文を予習すると，かなりの時間がかかります。LTD では，授業時間外に行う予習時間が大幅に増加するという報告があります（古庄，2013）。時間をかけ，予習を十分に行えば，それだけミーティングは充実したものになります。逆に，予習が不十分であれば，ミーティングで残念な思いをすることになります。一度 LTD を体験すると誰もが予習の重要性を実感できます。予習の重要性を実感した学生は手抜き（釘原，2013）をしません。予習で徹夜したという報告も一度ならず聞いています。むろん，誰からの強制でもありません。自発的な努力です。

（4）過程プランの原理

```
ブルームの理論と過程プラン

カテゴリーとステップ
  ①課題文の単語や内容を理解する
    ：step 2・3・4
  ②課題文の内容を既有知識と関連づける
    ：step 5（step 6）
  ③課題文の内容を活用する
    ：step 6（step 5）
  ④課題文の内容と話し合いを評価する
    ：step 7・8
```

スライド 1-8　ブルームの理論と過程プラン

　過程プランを支える理論的背景の一つとしてブルームの教育理論（梶田，1994）をあげることができます。ブルームは学習過程をカテゴリーに分け，カテゴリーに沿って学ぶことで理解が深まることを明らかにしています。ブルームのカテゴリーと LTD 過程プランのステップとの対応関係を示したのがスライド 1-8 です。

　ブルームは学習を低次の学習と高次の学習に分けています。過程プランでは step 1 から step 4 が低次の学習に，step 5 から step 8 が高次の学習に対応し

過程プランの原理

ステップ	活動内容	学習と思考の型	PISA型読解力の過程
step 1	雰囲気づくり		
step 2	言葉の理解	低次の学習 収束的思考	情報の 取り出し 解釈
step 3	主張の理解		
step 4	話題の理解		
step 5	知識との関連づけ	高次の学習 拡散的思考	熟考・評価
step 6	自己との関連づけ		
step 7	課題文の評価		
step 8	ふり返り		

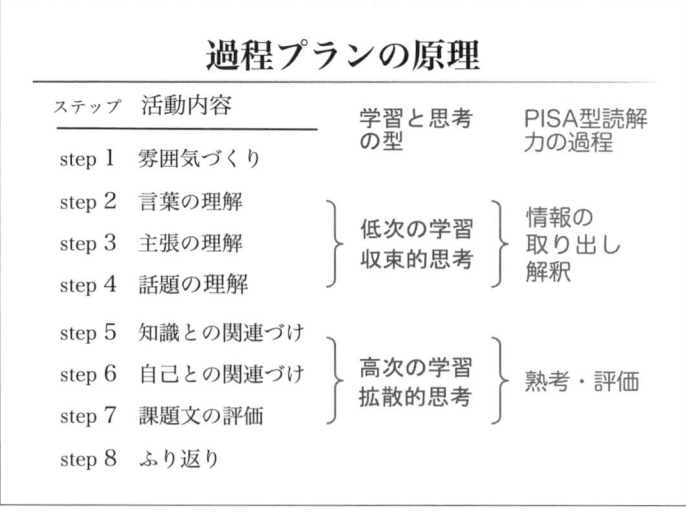

スライド 1-9　過程プランの原理

ます（スライド 1-9）。低次の学習は記憶中心の学習です。課題文を正しく理解し，記憶することが中心です。高次の学習は思考中心です。step 4 までに理解した著者の主張や話題[4]を手がかりに理解を創造的に膨らませていきます。

　低次の学習と高次の学習は，それぞれ収束的思考および拡散的思考と表現できます。低次の学習は課題文に書かれた著者の主張をできるだけ客観的に把握することを目的としているので収束的学習と呼べます。一方，高次の学習は著者の主張を手がかりに他の知識や自己との関連づけを通して理解を深め，広げるという目的から拡散的学習といえます。

　拡散的学習は収束的学習を前提にしています。決して高次の拡散的学習が優れていて低次の収束的学習が劣っているわけではありません。過程プランのどのステップも課題文の理解を深めるために欠かせない大切なステップです。

　学習仲間全員が過程プランの意味を十二分に理解し，各ステップについて共通のイメージをもつことが，LTD で学習を深める前提となります。詳しくは 2 章と 3 章で説明します。

　昨今「確かな学力」の育成が，学校教育で解決すべき喫緊の課題となっています。LTD に直接関係する読解力に注目すれば，情報の「取り出し」と「解釈」に留まらず，情報を「熟考・評価」する力の育成が求められています。つまり，課題文に書かれている内容を正確に理解するだけではなく（取り出し，解釈），理解した内容を他の学習場面や日常生活場面で活用することにより（熟考・評価），確かな学力が育ちます。

　スライド 1-9 に示したように，過程プラン 8 ステップに依拠した LTD の読解過程は，PISA 型読解力（OECD, 2000）が求めている，情報の「取り出し」「解釈」「熟考・評価」の段階に対応したプロセスになっています（須藤・安永，2011）。これが，LTD が注目を集めている大きな理由の一つといえます。単なる理解に留まらず，活用力の育成までも意図した学びが LTD の特徴です。この特徴により，LTD は「確かな学力」の育成に大きな役割を果たす可能性を

[4] 著者の主張を支持する根拠や理由や背景を説明したひとまとまりの記述を，本書では「話題」と表現します。

秘めています。

4．LTD に期待される成果

（1） LTD の学習効果

```
LTD の効果  1/2

LTD ＝ 予習 × ミーティング
① 課題文の理解と記憶の促進
② 確かな知識の定着と活用力の向上
③ 論理的な言語技術の発達
④ 分析的・批判的思考スキルの獲得
⑤ 効果的な教え方と学び方の獲得
```

スライド 1-10　LTD の効果 1/2

```
LTD の効果  2/2

⑥ 対人関係スキルの発達と仲間関係の改善
⑦ 個人的な満足と学習意欲の向上
⑧ 学習・仲間・学校に対する価値観の変化
⑨ 主体性と能動性の獲得
⑩ 民主・共生社会の基盤となる価値観の醸成
```

スライド 1-11　LTD の効果 2/2

　　LTD は予習とミーティングから構成されています。期待される効果も予習とミーティングの相乗効果として現れます。スライド 1-10 と 1-11 を見てください。

　　LTD によって，まず課題文の理解が深まります。同時に，課題文で学んだ内容を既に知っている知識やさまざまな情報，さらには自分自身と関連づける

ことにより，日常生活も含めて，幅広い場面で活用できる知識になります。ここまで深く学べた内容は確かな知識として定着し，記憶に残ります（須藤・安永，2011）。

現在の社会に必要とされる分析的・論理的・批判的思考スキルや，ディスカッション=スキルを始めとする言語技術の向上も期待されます。話し合いを通して学習仲間に対する認識が変化し，対人関係スキルが改善するという報告もあります（須藤・安永，2014）。

学習方法が変化すると，仲間と教え合いながら学ぶという新しい学習スタイルが身につき，学習に対する主体性と能動性が育ちます。その結果，学業や対人関係などを含む学校生活全体に対する満足感が高まり，学習意欲が向上します（佐々木，2013）。主体的な学習能力が求められている現代社会において，これらの効果は注目に値します。

また，相互の信頼関係に基づいた仲間同士の学び合いを基盤とするLTDは，民主・共生社会を肯定的に捉える価値観の醸成に役立ち，民主主義に対する認識を深めます（大村，2003）。LTDが依拠している協同学習においては，民主・共生社会の実現と，その維持発展を担いうる人材の育成が究極の目的となります[5]。民主・共生社会とは，すべての人が平和で幸せに暮らせる社会です（出光，2013）。

（2） 学生の変化

LTDによる変化成長

- 学生の変化
  - 学習意欲の向上
  - 授業時間外の学習時間の増加
  - 遅刻・欠席の減少

- 教師の変化
  - 学生に対する信頼感の向上
  - 対話を重視した講義の実践
  - 過程プランに沿った思考パターンの獲得

スライド1-12　LTDによる変化成長

[5] 協同学習の普及をめざしている日本協同教育学会の会則にも「本会は，互恵的な信頼関係を基盤とした協同に基づく教育・学習環境の創造・実践・普及を通し，民主社会の健全な発展に寄与すること」が目的として謳われています。

LTDの実践を通して学生に大きな変化が生まれます。

まず，学生のやる気がでます。予習時間が長くなり，時には夜を徹して準備する学生も現れます。アルバイトで疲れて深夜に帰宅した学生が，いつもであればすぐに寝るところ，翌日のミーティングにむけ，それから2時間も3時間もかけて予習したという報告も聞きます。

LTD は授業時間外の学習時間を増やす方法としても注目されています。古庄（2013）の報告によれば，予習時間の平均は 4 時間 30 分ということです。1 回の LTD ミーティングに参加するために学生はこれだけ長い時間をかけて予習してきます。

　同様に，筆者（安永）による最近の授業「教育心理学Ⅰ」で行った LTD ミーティング（2013 年 7 月 2 日実施）でも，長時間にわたる予習が報告されています。そのミーティングには 36 名の学生が参加しました。そのうち 4 名を除く 32 名の平均予習時間は 3 時間 52 分でした。これは古庄（2013）の報告と大差なく，LTD は授業外学習時間を確実に増やしているといえます。

　残り 4 名はいずれも 10 時間以上，予習したと報告しています。ある学生は 30 時間と報告しています。さらにある学生は，課題文が配られてすぐに予習を始めて，3 時間かけて一応の予習は終わったそうです。でも，そこで予習は終わらず，step 5 と step 6 の関連づけは 2 週間，ずっと考え続けていたということでした。この 4 名の報告から，予習を幾度かに分けて行い，ミーティングまでの間，ことあるごとに課題文の内容を思い出し，関連づけを考え続けることもあることが分かります。これこそ，一つの内容を考え続け，学び続けるという，大学生に求められる学び方だと思います。

　ここまで予習が進むと，LTD を導入した授業は他の授業に比べて遅刻や欠席が少なくなります。その主な原因は，予習した内容を学習仲間と真剣に話し合えることにあるようです。LTD を採用した授業に参加して 10 回近くミーティングを経験した女子学生が風邪で授業を休みました。1 週間すべての授業を欠席し，家で寝ていたそうです。翌週，LTD ミーティングに復帰した彼女が語ってくれたことです。「先生，不思議でした。1 週間寝ていて，他の授業はまったく気になりませんでしたが，この授業だけは気になってしようがありませんでした。いま仲間がどんな意見を言って，何を話し合っているのか，ミーティングの内容が気になって，気になってしようがなかったんです。自分も一緒に話し合いたいと思いました。こんな風に感じたのは初めてでした」と。LTD による仲間との話し合いが，学生にとってかけがえのない学びの場となっていることを示す逸話として忘れることができません。

（3） 教師の変化

　変化するのは学生だけでありません。指導している教師にも大きな変化が生まれます。少なくとも，筆者（安永）の経験から次のことがいえます。

　まず，学生の見方が変わります。学生が主体的に参加し，活発に話し合っているミーティングを目の当たりにすると，学生のもつ能力の素晴らしさに感動します。1995 年の春に初めて LTD ミーティングを実践したとき，予想以上の展開に鳥肌が立ちました。そのとき，適切な学習環境を整えれば学生はいくらでも積極的に学べることを実感しました。そして，その手段として LTD が有効であることを確信しました。

　LTD に習熟するとグループを使わない講義中心の授業でも，授業の構成と

方法が変わってきます。過程プランの8ステップを教師が意識していれば，それを準拠枠として授業を構成し，展開できます。授業の流れを過程プランの視点からモニターすることもできます。むろん講義ですから，常にステップの順番通りに展開するとは限りません。ステップを行きつ戻りつしながら授業を展開することになります。8ステップすべてではなく，step 5 と step 6 の「関連づけ」だけを取り出して使うなど，ステップの一部を活用する方法もあります。

　講義以外に，研究会での討論，論文の作成，論文の査読と指導などにおいても，LTD過程プランを意識していると効果的です。LTDを知り，実践することを通して，5章「協同に基づく教授学習観」(p.89)で紹介する教師としての指導観や教育観が大きく変化します。

（4）LTDに参加した学生の声

　毎年，LTDを組み込んだ授業を行っています。そのたびにLTDについて多くの貴重な意見が得られます。ここでは1年生を中心とした受講生130名程度の授業での意見を紹介します。この授業では，LTDを説明した後，1回だけLTDミーティングを行いました。そのときの代表的なコメントを2つあげておきます。一方が1年生のコメントで，他方が3年生のコメントです。他の授業に参加した学生のコメントを付録8-7「授業通信」にあげていますので，合わせてご覧下さい。なお，3年生のコメントからは，100名を超す多人数を対象とした授業でも工夫次第でLTDを実践でき，期待される効果も十分に得られることが分かります（6章「LTD授業のための環境整備」p.102）。

1年生のコメント　「わたしが一番面白いと感じた授業はLTDの授業です。みんなじっくり話をして，効率のよい話し合いのやり方を試してみて，とても充実感がありました。今のところ，大学に入学して一番刺激のある授業です。これをやってみて，自分に自信がつきました。普段あまり話さないようなまじめな話題を，初対面の人と話して，みんな大人だなと感じる反面，自分の考えを支持されたことがとても嬉しかったです」

3年生のコメント　「本当の意味で質の高い授業とは，教師と学生，また学生と学生が相互につながりあった授業だと思う。その点，協同学習であるLTDは理想的な学習形態であると思う。百数十名の学生を相手に，協同学習が成り立つのだろうかという疑問はあったが，工夫次第でできるということが証明された。実際，仲間も意欲的にLTDに参加し，実に楽しそうに学んでいた。正直，あれほど活気がある授業に参加したことがない。他者とのコミュニケーションの手段が携帯電話やメールのやり取りで大半を占める現代の学生は，LTDにみられる刺激的で生き生きとしている生のコミュニケーションに飢えているのかもしれない。一つのテーマについて，いろいろな人の意見を多角的に学ぶことができる。LTDでは知識というものが，単なる机上の空論としてではなく，『生きた知識』として確実に自分自身の中に入ってくる」

5．まとめ

　本章では，LTD話し合い学習法について，基本事項の説明を行いました。LTDの提唱者であるヒル博士は，大学教育の荒廃を憂い，その原因を「学び」

の衰退と見なしました。本来のあるべき「学び」を取り戻すことが，危機的な状況にある大学を救う最も本質的な取組と考えました。そして考案したのがLTDでした。

　LTDは，小グループのもつ教育力を活用した，課題文の読解を深める理想的で実践的な学習法であり，対話法です。最初は一人で課題文を読み，次に仲間との対話を通して課題文の読解を深めます。その両方で，学びを支えるのがLTD過程プランです。

　LTDはもともと大学生を対象に開発された技法ですが，工夫次第では小学校高学年の生徒にも適用できます。

　LTDで得られる効果は幅広く，課題文の理解は当然ながら，効果的な学び方や教え方，論理的な言語技術も獲得できます。また，学ぶことの意味を深く理解し，学ぶ意欲を促進し，主体的な学びが身につきます。対人関係スキルも向上し，仲間との人間関係も改善されます。

　さらに，効果が認められるのは学生だけではありません。LTDを用いて授業づくりをしている教師も変化成長します。

　次章では，LTD話し合い学習法の基本であるLTD過程プランによる予習の仕方と予習ノートの作り方を説明します。

第2章
予習の方法

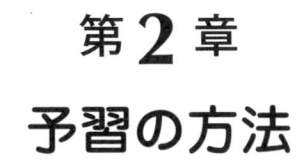

　LTD話し合い学習法の目的は学習者一人ひとりが課題文をより深く読み解くことです。そのために，まず一人で学び，次に仲間と一緒に学びます。前者を予習，後者をミーティングと呼びます。この予習とミーティングは同じLTD過程プランに沿って展開します。それだけに，何よりもまず，LTD過程プランを理解する必要があります。

　本章ではLTD過程プランに沿った予習の方法を，また次章ではミーティングの方法を説明します。二回の説明を通して過程プラン8ステップに基づくLTDによる学び方を修得してください。

　説明の具体性を高めるために課題文を準備しました。タイトルは「大学での学び方」です（付録2-1）。本章では，この課題文を用いて予習の方法と予習ノートの作り方を説明します。皆さんも一緒に，予習ノートを作ってみてください。予習ノートの作成例を付録2-2に載せています。

1．課題文の配付方法と予習

　予習には十分な時間を確保してください。LTDミーティングの日時が決まったら，できるだけ早く予習に取りかかってください。意外に時間がかかります。時間不足で，十分な予習ができていないままミーティングに参加する学生が少なからずいます。特に，初回のミーティングでは予習不足の人が目立ちます。初めての経験で，予習にかかる時間を十分に予測できないことも原因の一つと思います。時間に余裕をもって予習を始めてください。

　予習時間の確保に関連して，授業でLTDを実施する場合，課題文をどのタイミングで学生に配付するかは一考の余地があります。週に1回の授業では，LTDミーティングの1週間前に課題文を配付することを基本としてきました。しかし，LTDの予習には思いのほか時間がかかります。課題文の分量にもよりますが，真剣にLTDに取り組んでいる学生ほど，1週間では時間が足りないといいます。

　課題文の分量や内容の難易度を考慮し，適切な配付時期と配付方法を工夫する必要があります。例えば，①課題文の配付を1週間前ではなく2週間前にする，②授業で取り上げる課題文をシラバスに明記し，自分なりの読み方で構わないので事前に読むことを求める，③課題文をweb上にアップしておき，い

つでも活用できる状態にしておく，などの工夫が考えられます。

2．課題文の読み方

　LTD過程プランに沿って予習ノートを作成することを前提とした場合，課題文の読み方として，次の3点は参考になります。これらはLTDに特化したことではなく読書一般にもいえることです。

（1）課題文の全体像を把握する

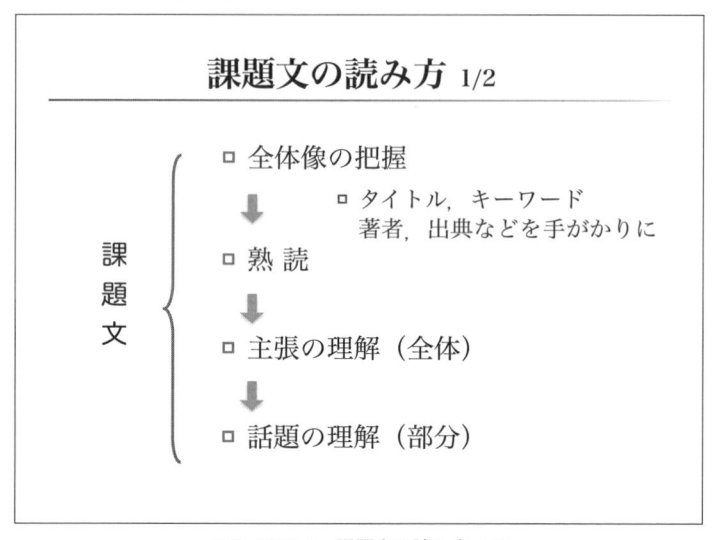

```
                    課題文の読み方 1/2
          ┌── □ 全体像の把握
          │        ↓    □ タイトル，キーワード
          │                 著者，出典などを手がかりに
    課題  │   □ 熟 読
    題  ─┤        ↓
    文    │   □ 主張の理解（全体）
          │        ↓
          └── □ 話題の理解（部分）
```

スライド2-1　課題文の読み方 1/2

　課題文を読み始めるとき，課題文の全体像について自分なりのイメージを膨らませてから読み始めてください。全体像をイメージせず，すぐに課題文の一行目から読み始めるよりも理解が進みます。
　課題文のイメージを膨らませるためには，課題文のタイトルや出典，著者名，キーワード，目次や小見出しなどが参考になります。タイトルは課題文の「顔」です。課題文を理解するうえで重要な情報源となります。出典も参考になります。キーワードや目次や小見出しなども合わせて考えると，全体像を把握しやすくなります。加えて，課題文の著者を知っていれば，かなりの確率で内容を正しく予想できます。
　また，その課題文を読むことになった背景も手がかりになります。例えば，授業で配られた課題文であれば，担当教師には明確な意図があります。授業中，教師は必ず課題文の内容や選択意図に言及します。教師の説明は，課題文の全体像を予測するうえで貴重な手がかりになります。
　これらの情報を手がかりに課題文の全体像を把握して，イメージを膨らませてください。このイメージが一定の枠となり，課題文の理解を促します。

（2） 全体から部分へ

　これまでの読解指導では，段落ごとに要点をつかみ，その内容を手がかりに文章全体の主張を理解するという読み方，つまり「部分から全体へ」という読み方が主流でした。むろん，段落ごとに読み取る前に，文章全体を読み通して，文章全体の構成を捉えたり，初発の感想を求めたりすることもあります。しかし，具体的な作業は「部分から全体へ」という流れが基調としてあったといえます。

　一方，LTD は「全体から部分へ」という逆の流れを採用しています。LTD 過程プランでは，課題文の主張をまず捉え（step 3），そのうえで主張を支持する話題（根拠や理由や背景）を理解する（step 4）という流れで構成されています。つまり「全体から部分へ」という流れとなっており，これまでの読解指導とは逆です。

　文章読解にとって「部分から全体へ」と「全体から部分へ」とのどちらが，より有効な読み方であるか，この点に関しては今後の詳細な検討が待たれるところです。しかし，これまでの LTD の実践を通して「全体から部分へ」の有効性を実感しています。その背景には，論理的な思考に基づく文章作成では，まず主張（全体）を述べて，次に主張の根拠や理由や背景（部分）を述べるという「全体から部分へ」の流れを推奨していることとも関係しています。少なくとも，そのような流れで書かれた文章を前提とした場合，文章を読む際も「全体から部分へ」の流れに沿って読み解くことが合理的です。

（3） 三色ボールペンを活用した読書法

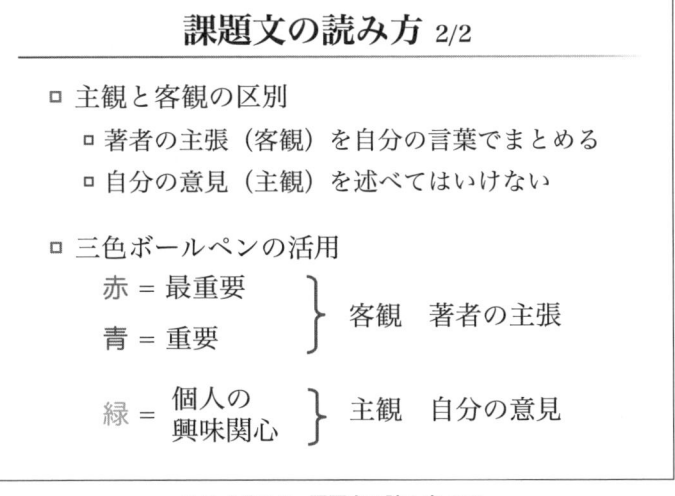

```
課題文の読み方 2/2

□ 主観と客観の区別
    □ 著者の主張（客観）を自分の言葉でまとめる
    □ 自分の意見（主観）を述べてはいけない

□ 三色ボールペンの活用
    赤 ＝ 最重要  ┐
                 ├ 客観　著者の主張
    青 ＝ 重要    ┘

    緑 ＝ 個人の   ┐
         興味関心  ├ 主観　自分の意見
                  ┘
```

スライド 2-2　**課題文の読み方 2/2**

　LTD では過程プランに沿った予習を効率的に行うために三色ボールペンを使った読書法（齋藤，2002）を勧めています。この読書法の一番の特徴は，主観と客観を三色ボールペンで色分けしながら読むという点です。この方法で課

題文を読むと，予習ノートを作るとき，便利な手がかりになります。

　三色とは「赤」「青」「緑」です。「赤」と「青」は客観を表します。課題文で著者が述べている内容を強調するときに使います。著者が述べている内容で，著者から見てとても重要なところは「赤」で，少し重要と思われるところは「青」で線を引いたり，丸や四角で囲んだりします。「赤」と「青」の違いは重要度の違いです。当然，より重要なところで使う「赤」が，「青」よりも少なくなります。

　「緑」は主観を表します。読んでいる皆さん自身の個人的な興味関心を強調するときに使います。課題を読んでいると，著者の主張とは関係なく，自分の視点から「面白い」とか，「これは使える」と思う言葉や文章，または新しい情報に出会うことがあります。そのときに「緑」を使って線を引いたり，囲んだりします。課題を読んでいて「ふと心に浮かんだこと」を余白に「緑」で書き込むこともよいでしょう。「緑」は読者の主観的な世界を表します。

　また，課題文を読んでいて，意味がとれない言葉や表現があればチェックしておいてください。これも自分のことですから主観です。「緑」でチェックするのがいいでしょう。

3．過程プランに基づく予習の方法

　課題文の読み方について理解が進んだところで，早速，予習を始めましょう。本章で取り上げる課題文は「大学での学び方」（付録2-1）です。まず，課題文を一読してください。必要であれば課題文を繰り返し読み，全体像を把握してください。そのうえで予習ノートを作り始めます。完成した予習ノートの一例を付録2-2にあげています。また，例示した予習ノートの工夫についても，付録2-3で説明しているので参考にしてください。

　ここでは，例示したような予習ノートを作成する方法を，予習用のLTD過程プラン8ステップ（1章，p.9，スライド1-7）に沿って説明します。

《予習 step 1》全体像の把握

（1）目　　的
　課題文を読み，全体像を把握することが目的です。

（2）方　　法
　前述の「2．課題文の読み方」を参考に，主観と客観を区別しながら課題を読んでください。読めない漢字や初めての言葉，意味の曖昧な言葉などがあったらチェックしておきます。意味の分からない文章もチェックします。

（3）注　　意
　課題文の全体像が分かるまで繰り返し読んでください。最初は，分からない

```
┌─────────────────────────────────────────┐
│      予習step 1   全体像の把握            │
│                                         │
│   目的   課題文の全体像を読みとる         │
│                                         │
│   方法   ①大枠の把握                     │
│            タイトルや見出しキーワードを参考 │
│          ②三色ボールペンの活用           │
│                                         │
│   注意   課題文の全体像を把握できるまで   │
│          繰り返し読む                    │
│                                         │
└─────────────────────────────────────────┘
```

スライド 2-3　予習 step 1 全体像の把握

言葉や内容があっても，全体を一読します．次に，分からない言葉や内容，気になる言葉や内容に注意を払いながら再度読みます．この段階で辞書を引くことも構いません．

（4）助　　言

　課題文の全体像を捉えるために繰り返し読むことと，step 2 以降の予習ノートを作成する作業は切り離してください．例えば，step 1 では課題文を幾度となく読んで，内容を把握します．その際，必要に応じて辞書を調べることは当然あってしかるべきです．この段階で step 2 の作業として，調べた言葉をノートにまとめても構いません．しかし，あくまでも課題文の全体像を把握することが目的です．

《予習 step 2》言葉の理解

（1）目　　的

　課題文で著者が使っている言葉の意味を理解することが目的です．

（2）方　　法

　①言葉を調べ，ノートに整理する　課題文を読んでいて気になった言葉の意味を調べてノートにまとめます．まとめ方は，予習ノートの例を参考にして，自分なりに工夫してください．

　②言葉の意味を説明できるように準備する　予習の目的は予習ノートを作ることではありません．ミーティングでの学びを深めるための準備です．調べた言葉を仲間に説明できるように準備します．

　③ミーティングで尋ねたい質問を準備する　調べたけれど理解できない言葉があれば，ミーティングで仲間に尋ねます．尋ねたい内容が明確に伝わる質

予習step 2　言葉の理解

目的　著者の言葉の意味を理解する

方法　① 言葉を調べ，ノートに整理する
　　　② 言葉の意味を説明できるように準備する
　　　③ ミーティングで尋ねたい質問を準備する

注意　① 思いこみの危険
　　　② 専門書や辞典の活用
　　　③ 明確な概念定義

スライド 2-4　予習 step 2 言葉の理解

問を準備します。また，言葉の意外な意味を発見した場合，仲間に伝える準備もします。

（3）注　意

①**思い込みの危険**　「日本語は知っている，理解できる」という思いこみは危険です。決して難しい言葉は使われていないのに内容が読み取れない，ということがあります。一因として，言葉の意味を正しく理解していないことが考えられます。また，言葉は知っていたとしても著者が特別な使い方をしていることもあります。日本語であっても油断せずに，少しでも疑問を感じたら辞書で調べる習慣を身につけてください。

②**専門書や辞典の活用**　課題文の内容が専門的になれば，一般の辞書だけでは言葉（概念）の意味を正しく理解できないことがあります。そのような場合は専門書や関連する辞典なども活用してください。参考にした書籍や辞典の出典も予習ノートに書きます。

③**概念定義**　「学問は概念と概念の戦いである」といわれます。概念定義を明確にすることが学問の始まりです。自分の使っている概念（言葉）を明確にしていないと，自分の考えをうまく伝えることができません。また，他者の考えとの違いを明確にできません。自分の言葉に力をもたせるためにも概念定義に敏感になってください。

いま「概念定義」という言葉を使いましたが理解できていますか。少しでもあやしいと思った人はすぐに調べるという習慣を身につけてください。

（4）助　言

例示している予習ノート（付録2-2）を見てください。辞書で調べると，学習と勉強には同じ意味と，違う意味があることが分かり，両者の異同が明確になります。辞書を丹念に引くと，自分の思い込みに驚いたり，新しい意味の発

見に喜びを感じたりします。

　これまでの経験から，step 2 の言葉調べが十分できているグループほど，ミーティングがうまく展開し，ミーティングに対する満足度が高く，課題文の理解も深まる傾向にあります。言葉を調べるという活動は一見単純な作業です。しかし，言葉の理解は読解の基盤であり，大切な学習活動といえます。ノートづくりにおいても言葉調べを疎かにしないでください。

　最近は多種多様な機能が備わった小型の電子辞書が開発されています。また，インターネットでの検索が可能なスマートフォンも普及してきました。これらの機器を活用すれば，いつでもどこでも手軽に言葉の意味を確かめることができます。上手く活用してください。ただし，検索結果を使うときには必ず「引用」してください。無断借用は犯罪です。

《予習 step 3》主張の理解

```
予習step 3　主張の理解

目的　著者の主張を理解する

方法　① 課題文を精読する
　　　② 著者の主張を把握する
　　　③ 著者の主張を「自分の言葉」で
　　　　簡潔に言い換える

注意　① 批判・評価の禁止
　　　② 主張の受容
　　　③ 抜き書きの禁止
　　　④ 意見・感想の禁止
```

スライド 2-5　予習 step 3　主張の理解

（1）目　的

　著者の主張を，著者の立場から客観的に理解し，自分の言葉でまとめることが目的です。

（2）方　法

　①課題文を精読する　　著者が使う言葉の意味を step 2 で理解したのち，再度，課題文を精読します。言葉の意味が理解できていますので，理解は一層深まります。

　②著者の主張を把握する　　精読した後，著者の主張を考えます。タイトルや見出し，キーワード，それに課題文に書き込んだ「赤」や「青」の下線部分や囲みの部分を手がかりに著者の主張を捉えます。

③著者の主張を「自分の言葉」で簡潔に言い換える　著者の主張を検討し，内容を把握できたら課題文を閉じます。そして課題文を見ずに，著者の主張を自分の言葉で簡潔に言い換えて，予習ノートにまとめます。

　「著者の主張を的確に捉えることができたか」または「その主張を適切に言い換えられたか」自信がもてないこともあります。しかし，それで構いません。ここで大切なことは著者の主張を的確に捉え，自分の言葉で表現しようとする姿勢です。的確かつ簡潔なまとめになっているか否かは，仲間とのミーティングを通して明らかになります。

（3）注　意

　①**批判・評価の禁止**　LTDではstep 6まで，課題文を批判したり，評価したりすることを一切禁止しています。課題文の評価はstep 7で初めて行います。step 3やstep 4といった早い段階から課題文を評価すると，著者の主張を客観的に捉えることが難しくなります。例えば，step 1とstep 2の指示に従って，幾度となく課題文を読み込むと，課題文に対するさまざまな思いが読者に浮かんでくるのは当然です。三色ボールペンでいえば「緑」による書き込みが多くなります。そうなると課題文について，ついつい良し悪しの評価をしたくなります。しかし，この段階での評価は，著者の主張を客観的に捉えることの妨げとなります。この点を強く意識して自制します。

　②**主張の受容**　著者の主張をまとめるにあたり，まず，著者の書いている内容を受容してください。受容とは，先入観を徹底的に排除し，著者の主張とその根拠や理由や背景，さらには著者の考え方までも含めてすべてを受け入れます。批判をしてはいけません。たとえその内容が，自分の主義主張に反する内容であっても，社会的規範や道徳とは相容れないものであっても，良し悪しの判断をせず，認めることです。

　これはまさに「言うは易く行うは難し」です。日常生活において，他者の主張を受容できず，思い込み（主観）で判断して，誤解を生むことは少なからずあります。例えば，誰でも知っている有名な思想家や理論家はしばしば誤解されています（例えばフロイト）。有名なだけに，誰もがその理論家や思想家に対して一定の意見（主観）をもっています。各自が意見をもつことは一向に構いません。問題なのは，その理論家や思想家の著作を実際には読んだことがないにもかかわらず，伝聞的な情報だけで好き嫌いや良し悪しを判断する人がいます。これでは，その理論家や思想家の真の主張を正しく理解できません。

　読者自身の主観を排除し，著者の主観を受容することは，読者にとっては危険な作業ともいえます。たとえ一時的とはいえ，自分の主観を横に置き，他人の主観で自分の心の世界を満たすことは危険です。この危険を冒してでも，著者の世界を受容しなければ，著者の主張は読み取れません。他者を理解することがいかに大変なことかが分かります。

　③**抜き書きの禁止**　著者の主張を受容することが大切だからといって，著者の主張が端的に表れていると思われる部分（三色ボールペンの「赤」の部

分）を抜き書きすることは禁止です。理由は，抜き書きをしても著者の主張を理解したことにはならないからです。

十分に理解できた内容は，自分の言葉で他者に説明できます。抜き書きした文章は著者の主張を明確に表しているかも知れません。しかし大切なのは，その内容を各自が自分の言葉でどう表現するかです。著者の主張を予習ノートにまとめる際，課題文を見ないという方法は，自分の言葉で表現する工夫であり，その訓練になっています。

④**意見・感想の禁止**　著者の主張を自分の言葉で言い換えるといっても，自分の意見や感想は含めてはいけません。あくまでも表現する内容は著者の主張です。その主張を表現する手段が自分の言葉です。両者の違いをしっかり区別してください。

（4）助　言

著者の主張をまとめる際「自分の言葉で簡潔に言い換える」というのが秘訣です。日常的には，他者の意見を自分の言葉で言い換える，という作業をあまり意識したことはないかも知れません。しかし，私たちは意外とこの方法を使っています。例えば，長い説明を聞いた後や，話を十分に理解できなかった時など「要するに，あなたの言いたいことは……ということですね」と相手の発言内容を自分の言葉で言い直すことがあります。それに対して相手が「そうだ」と認めれば，それが相手の言いたかったことです。著者の主張を自分の言葉で言い換えるということはこれと同じ作業です（4章, p.73）。

その際，著者の主張は簡潔にまとめてください。行数で表すことは難しいですが，せいぜい2・3行程度でまとめることを心がけてください。

簡潔にまとめるには訓練が必要になります。例えば，著者の主張を端的に表すキーワードを考えてみてください。キーワードで考え，キーワードをつなげて短い文章を作ると，簡潔なまとめになります。ミーティングでは，自分の言葉でまとめた内容を手がかりに話し合うことになります。十分とはいえませんが，まとめ方の一例として，例示した予習ノートのstep 3を参考にしてください。

時に，著者の主張を10行ほどにまとめているノートを見かけます。著者の主張をまとめるプロセスとして書き出したものであればこれで構いません。ただし，これでは長すぎてミーティングの手がかりとしては使えません。ミーティングでは時間が限られています。短時間で4・5人の仲間と話し合うのですから，さらに絞り込む必要があります。

絞り込めていない予習ノートを手がかりにミーティングをすると，話し合いではなくノートの「読み合い」が始まります。メンバーが一人ずつ順番に自分のノートを読み上げて紹介するだけで，対話のないミーティングになります。これでは理解は深まりません。限られた時間内で理解を深めるために，著者の主張を自分の言葉で簡潔にまとめ，ミーティングでは予習ノートを見なくても話せるように準備してください。ミーティングの練習（リハーサル）はstep 8

で行います。

/// 《予習 step 4》話題の理解 //

```
         予習step 4   話題の理解

 目的：話題を理解して，著者の主張を的確かつ
       詳細に理解する

 方法：① 話題（根拠，理由，背景）を見つける
         ▶ 中心的な話題からまとめる
         ▶ 話題は幾つ選んでもよい

       ②「自分の言葉」で言い換える

 注意：予習step 3と同じ
```

スライド 2-6　予習 step 4　話題の理解

（1）目　　的

　著者の主張を支持する話題を見つけ，話題ごとに，その内容を理解することが目的です。そして，まとめた話題を手がかりに著者の主張をより深く理解します。

（2）方　　法

　①**話題を見つける**　　著者の主張を支持する話題を見つけます。話題を見つけるためには，文章作成における主張と話題の取り上げ方を知っていると手がかりになります。詳細については付録 2-4「レポートの構成と LTD 過程プラン」を参考にしてください。

　予習ノートにまとめる話題はいくつ選んでも構いません。ただし，ミーティングで使いやすいように，著者の主張をより強力に支持する話題，つまり，より重要で中心的な根拠や理由や背景を含んだ話題からまとめてください。

　②**「自分の言葉」で言い換える**　　まとめ方の手順と方法は step 3 と同じです。例示した予習ノートにあるように，話題ごとに「見出し」をつけて自分の言葉でまとめます。

（3）注　　意

　注意事項も step 3 と同じです。①批判・評価の禁止，②話題の受容，③抜き書きの禁止，④意見・感想の禁止，という注意事項を守ってください。

（4）助　　言

①話題の数　　すべての話題を自分の言葉で言い換えることがベストです。しかし，話題が多ければ著者の主張を強く支持する三つないし四つの話題をまとめるのもいいでしょう。一つや二つの話題では，ミーティングで話題を選択するときに困ります。

②著者の主張の修正　　話題をまとめることで課題文の理解が深まり，step 3 でまとめた著者の主張を修正したくなることもあります。そんなときは step 3 に戻って著者の主張をより的確にまとめ直してください。

《予習 step 5》知識との関連づけ

```
予習 step 5　知識との関連づけ

目的：学習内容を既有知識と関連づけ
　　　理解を深める

方法：① 学習内容(ベース)を選択する
　　　② 既有知識（ターゲット）を思い出す
　　　③ ①と②を関連づける
　　　　▸ 類似点や相違点
　　　　▸ 明確になった点
　　　　▸ 曖昧になった点　　他
```

スライド 2-7　予習 step 5 知識との関連づけ

```
step 5 の概念図

　　　　　　授業時間内　　　　　授業時間外
前時　　｜授業内容：　　　｜　｜関連した文献　｜
まで　　｜教科書・配付資料など｜　｜社会的な出来事｜

本時　　｜LTDの課題文
　　　　｜　step 5　知識との関連づけ
　　　　｜　① ベース　　：課題文の主張・話題
　　　　｜　② ターゲット：授業内容，資料，関連文献
　　　　｜　　　　　　　　社会的な出来事
```

スライド 2-8　step 5 の概念図

（1） 目 的

step 3 と step 4 の作業を通して理解した課題文の主張と話題を，既に知っている知識と関連づけ，理解を深めます。

（2） 方 法

①学習内容（ベース）を選択する　まず，課題文で学んだ著者の主張や話題を選択します。これを「ベース」と呼びます。

②既有知識（ターゲット）を思い出す　①で選択したベースを手がかりに，既に知っていることや過去に学んだ内容を思い出します。思い出した内容が関連づけの対象となります。この対象をターゲットと呼びます。次にあげた項目が step 5 のターゲット，すなわち関連づけの対象になります。

　a）**同じ授業の内容**　授業で，一つのテーマに沿って LTD を繰り返しているのであれば，既に検討した課題文が格好のターゲットとなります。同じテーマを扱った異なる課題文を関連づけると，そのテーマを立体的に捉えることができ，知識が体系化され，理解が深まります。

　また，授業中の教師の説明，授業で採用している教科書の内容，配付資料や関連する文献なども有望なターゲットになります。

　b）**他の授業の内容**　学生は大学で多くの授業を受けます。大学で受けている他の授業内容も関連づけの対象となります。LTD で取り上げている課題文の内容と他の授業で学んだ内容を関連づけることは，慣れないと難しいかもしれませんし，表面的には距離を感じるかも分かりません。しかし，両者の本質的な部分に目を向けると，意外とつながりを見つけられるものです。

　c）**社会生活**　課題文で学んだ内容を社会の出来事と関連づけることができます。例えば，新聞や雑誌，ラジオやテレビ，さらにはインターネットなどを通して知った内容もターゲットになります。大学の枠を越え，幅広い一般社会の出来事と関連づけることにより，課題文の理解が深まります。また，新しい視点から検討することで，社会に対する認識が変化します。

　d）**個人的な経験**　日常生活での出来事も関連づけの対象となります。日常生活のなかで，見たり，聞いたりしたことを思いだし，関連づけを行います。ただし，自分の経験には，そのときの自分の感情や思いといった心情が伴うことに注意してください。step 5 では，経験した事実だけに注目します。自分の心情的な変化は次の step 6 で取り上げます。

　上記のターゲットの例からも分かるように，自分自身の心情的な変化を含めないという条件さえ守れば，関連づけの対象として何を選んでも構いません。仲間が思いもつかない対象を選んだり，関連づけの仕方を紹介したりすると，仲間が驚きミーティングが盛り上がります。驚きを伴う理解は記憶に残ります。

③関連づける　①のベースと②のターゲットを重ね合わせ，両者の関連を明らかにします。関連づけの主な視点として次の点が考えられます。ミーティングの仲間に紹介して「なるほど」と納得できる関連づけを心がけてください。

　a）**ベースとターゲットの共通点や類似点**　課題文で学んだ内容と共通し

た内容や類似した内容を思い出し，その時々に学んだ断片的な知識を結びつけ，体系化することも関連づけになります。

　b）**ベースとターゲットの異なる点，矛盾する点**　課題文で学んだ内容と異なる内容や矛盾する内容を思い出し，どこが，どのように違うのか，または矛盾しているのかを検討することも関連づけになります。

　c）**ベースやターゲットの理解が深まった点**　課題文を学ぶことで既有知識の理解が深まったり，既有知識を手がかりにすると課題文の内容理解が深まったりします。ターゲットの理解だけではなく，関連づけによりベースの理解も深まります。関連づけの効果は一方向的ではなく，双方向的に生じます。

　d）**ベースやターゲットの理解が曖昧になった点**　課題文を学ぶことで既有知識の理解が曖昧になることがあります。そのような点をまとめることも関連づけになります。また，課題文で述べられている内容は理解できるが，既に知っている知識から判断すると，課題文に対して疑問がわいたなども関連づけになります。

（3）注　　意

　①**関連づけの個数**　上記の作業①〜③を繰り返し，できるだけ多くの関連づけを準備します。関連づけの数が多くなればなるほど，課題文の理解が進みます。準備したすべての関連づけをミーティングでは紹介できないこともあります。しかし，数が多いほど，仲間の関連づけを理解する際の手がかりにもなります。

　②**ターゲットが浮かぶきっかけ**　この関連づけの対象（ターゲット）はstep 5の段階で初めて浮かんでくるものではありません。step 1で課題文を読んでいる最中にも浮かんできます。課題文を読んでいるときに，著者の主張とは関係なく，自分の興味関心を引いた箇所には「緑」のボールペンで下線や囲みをしました。また，自分の意見や感想を余白に書き込みました。実は，これら「緑」で強調した内容や，余白への書き込みは，既に関連づけが始まっている証拠です。これらを手がかりに関連づけを行うこともできます。

　簡単にいえば，課題文を読んだり，検討したりするなかで，ふと思い出すことがあります。どうして思い出したのか理由を考えてください。わたしたちは何の脈絡もなく思い出しているのではありません。課題文を読んでいて，ある対象（ターゲット）がふと心に浮かんだことには，何らかの理由があるはずです。その理由を意図的に明らかにし，両者の関係性を確認することがstep 5の関連づけです。

　③**インターネットでの検索**　現在はインターネット時代です。分からないことがあればweb上で検索する。いまや情報収集の定石となっています。このことがLTDの指導にも影響しています。step 5の関連づけを指導したところ，ターゲットをweb上で探し，課題文の内容（ベース）と関連づけてくる学生がいるという報告を受けました。step 5のターゲットは自分の既有知識との関連づけであるので，web上で見つけたターゲットと関連づけることは許

されないのではないか，との指摘を受けたことがあります。
　ご指摘の通り，step 5 の自分の既有知識との関連づけが基本です。ただし，既有知識との関連づけを行った後，さらに関連した事象はないかと，Web 上で検索し，関連づけの輪を広げる努力は，大いに認められるべきです。
　問題なのは，次の「（4）助言」でも説明しているように，自分の既有知識と向き合い，ベースを手がかりに既有知識を吟味し，構築し直し，そして再体制化するという，setp 5 の関連づけに本来期待している活動を行っているようには見えない点にあると思います。web で検索し，関連しそうなターゲットを見つけ，深く考えもせず，ノートにまとめてきているのであれば，問題です。

（4）助　　言

　LTD の一つの特徴が，step 5 と step 6 で取り上げる「関連づけ」です。関連づけの有効性は心理学の基礎研究においても確認されています（堀内・藤田, 2001）。つまり，個々の学習内容は，それ単独では覚えにくく，忘れられやすいものです。一度覚えたと思っても短期間で忘れられます。その原因として，学習内容が断片化していることが考えられます。この断片化を防ぎ，個々の学習内容を，自分がもっている，より大きな知識構造のなかに位置づけるのが関連づけです。関連づけにより自分の知識構造に組み込まれた学習内容は，多様な側面から吟味され，理解が深まり，記憶が促進されます。
　また，断片化した学習内容は特定の狭い文脈でしか活用できません。関連づけを通して多方面から吟味することにより，より広い文脈でも使用できるようになります。関連づけは，いわゆる活用力を伸ばす効果的な手段といえます。
　例えば，算数の授業で三角形の面積を求める公式を習います。教科書の解説を理解でき，教科書の例題を解くことができ，教科書に準じた問題集を解くことができたとします。この状態は少なくとも教科書という文脈では，三角形の面積を出す公式は使えています。しかし，例えば地図上に示された三角形の土地の面積を求めるなど，教科書の文脈から離れて，日常の文脈に位置づけると，その公式を使えなくなるという例もあります。教科書以外の多様な文脈でも活用できる学習を促進するために，関連づけが有効になります。このような知見からも，LTD の step 5 と step 6 での「関連づけ」は，知識を体系化し，活用力を高める効果が期待できます。

《予習 step 6》自己との関連づけ

（1）目　　的

　課題文の主張内容やそれを支持する話題など，step 3 と step 4 の作業を通して学んだ内容を，自分と関連づけ，自分自身をふり返ります。

（2）方　　法

　①学習内容（ベース）を選択する　　選択方法は step 5 と同じです。課題

```
予習step 6   自己との関連づけ

目的：学習内容と自己を関連づけ
　　　自分にとっての価値を見いだす

方法：① 課題文で学習した内容を選択する
　　　② 自己に関わる内容を選択する
　　　　▶ 自分自身・自分の人間関係
　　　　▶ 自分の所属集団
　　　③ 学習内容と自己とを関連づける
　　　　▶ 過去や現在の自分をふり返る
　　　　▶ 将来の変化した自分について考える
```

スライド 2-9　予習 step 6 自己との関連づけ

```
step 6 の概念図

本時　LTDの課題文
　　　　step 6   自己との関連づけ
　　　　① ベース　　：課題文の主張・話題
　　　　② ターゲット：自分，人間関係，所属集団
```

スライド 2-10　step 6 の概念図

文で著者が伝えたい主張や，その話題をベースとして選びます。

　②自己に関する知識（ターゲット）を思いだす　　自己に関わる内容を関連づけの対象（ターゲット）とします。例として，a）自分自身，b）自分を中心とした人間関係，さらには，c）自分が所属する集団，などが対象になります。LTDのグループも，自分が所属する集団として対象に含めることもできます。

　③関連づける　　基本的な作業は前述の step 5 と同じです。課題文で学べた内容（ベース）と自分自身や自分と直接関係した内容（ターゲット）を比較検討します。その際，次の方法が参考になります。

　　a）ベースを知り，変化した自分についてまとめる。
　　b）ベースを知り，過去から現在にかけての，自分の生活態度や行動，考え方などをふり返り，感じたこと，思ったこと，反省したことなどをまと

める。
- c）ベースを知り，将来の自分について考えたことや，新たに決心したことをまとめる。
- d）ベースを知り，自分の対人関係や所属している集団についてふり返り，考えたことをまとめる。
- e）ベースを知り，社会や世間や他者などに対する自分の見方が変化したことをまとめる。
- f）課題文を読んで感動したことを，自分と重ねてまとめる。

（3）助　言

　課題文で学んだ内容を生かして自分の生活を改善できれば，学習に対する動機づけを高めることができます。課題文から学んだ内容を，自分と関連づけ，自分の日常生活をふり返ると，課題文の内容が身近なものに感じられ，意外な発見があります。新しい発見には「ああそうか」という感動が伴い，学ぶ喜びを実感できます。感情変化を伴う学習こそ，深い学びであり，生きた学びです。

（4）step 5 と step 6 の区別

　LTD にとって厄介な問題が step 5 と step 6 の区別です。両者の区別が難しく，混乱してしまうようです。この混乱を避けるために，両者の区別が理解できるまでの対処法として，混乱しそうなターゲットを選択しないことをお勧めします。つまり，step 5 で選択しようと考えたターゲットが，自分の心情の変化と少しでも関係しそうだと思ったら，step 5 ではターゲットから外すことです。どうしても取り上げたいのであれば，step 6 で取り上げます。

　特に，step 5 と step 6 の混乱をもたらす主な原因は，関連づけの対象に「個人的な体験」を選択した場合のように思われます。そこで，個人的な体験を，関連づけの対象として取り上げる場合は，次の区別を心がけてください。

　つまり，個人的な体験のうち，自分と直接関係しておらず，客観的に見聞した体験内容は step 5 で取り上げます。自分の体験を通して知り得たことは，必ずしも自分自身に関係するとは限りません。体験から得られた知識であっても，自分に直接関係ない一般的な内容は step5 で取り上げます。

　一方，自分自身と直接関係し，自分自身の心情的変化と深く関わる体験は step 6 で取り上げます。自分に直接関係することを述べていくと，自分自身や自分に直接関係する人たちについて「考えたこと，感じたこと，思ったこと，反省したこと，決心したこと，感動したこと」など自分の心的変化を伴った内容になります。このような内容は step 6 で取り上げます。

《予習 step 7》課題文の評価

（1）目　的

　課題文を評価するのがこのステップの目的です。ただし，課題文を改善する

> **予習step 7　課題文の評価**
>
> 目的：著者の主張を建設的に評価し，課題文を
> 　　　より良いものに改善する
>
> 方法：課題文を多様な観点から批判的かつ
> 　　　建設的に評価する
>
> 注意：人を傷つける批判は禁止

スライド 2-11　予習 step 7　課題の評価 1/2

> **評価の視点**
>
> ① 言葉の使い方
> 　　(a) 誤字脱字　　　(b) 概念定義　他
>
> ② 作文技術
> 　　(a) 文章の明確さ　(b) 情報の正確さ　他
>
> ③ 文章の構成と意味
> 　　(a) 構造的つながり　(b) 内的・外的一貫性

スライド 2-12　予習 step 7　課題の評価 2/2

ために役立つ建設的な評価が求められます。

（2）方　　法

　課題文を多様な観点から評価し，その内容を自分の言葉でノートにまとめます。その際，課題文を書き直すとしたら，どこをどのように修正すると，より良い課題文になるかという視点から，批判的かつ建設的な態度で評価します。

　評価の観点はさまざまです。スライド 2-12 に示した視点も評価の手がかりとして使えます。まず，言葉の使い方が問題になります。誤字脱字も含めて，言葉の使い方が適切であるか，概念が明確に定義されているか，なども評価の対象になります。また，作文技術の観点から文章表現が明確であるか，多義的に捉えられないか，情報が正確であるかなども評価の対象になります。さらに

は，レポートの構成（付録 2-4）でふれたように，文章の構成と意味を問題とすることができます。文章の構成に問題はないか，文章内での論述が一貫しているか（内的一貫性），その論述は世間一般の考え方と一貫しているか否か（外的一貫性）なども評価の対象になります。最後の，外的一貫性に関しては，必ずしも一貫している必要はありませんが，評価の視点として社会一般との距離も検討対象となります。

（3）注　意

評価において人を傷つける批判は厳禁です。人を傷つける批判は誰にでもできます。大切なのは人を育てる評価です。人を育てる評価が建設的な評価です。

現代社会において的確な評価ができることは大切な能力です。的確な評価には確かな観察力や分析力，論理的かつ柔軟な思考力が必要とされます。step 7 ではこれらの能力を育成することも大切な目的になっています。

（4）助　言

step 4 までで著者の主張を客観的に読み取り，step 5 と step 6 で関連づけを通して著者の主張をより深く理解しました。この間，課題文に対する評価は厳禁でした。その理由は，step 3 で述べた通りです。step 7 で初めて評価が許されることの意味を再度確認してください。

《予習 step 8》リハーサル

```
予習step 8　リハーサル

目的：ミーティングをスムーズに展開するため
　　　に一人で予行演習する

方法：①予習内容を口頭で伝える練習をする
　　　②ステップごとに発言や質問を準備する
　　　③ステップごとに対話をイメージする
　　　④ 準備不足が分かれば予習を続ける

注意：予習ノートを発表資料に変える
```

スライド 2-13　予習 step 8 リハーサル

（1）目　的

ミーティングをスムーズに展開するために，一人で予行演習（リハーサル）するのがこのステップの目的です。

（2）方　　法

　ミーティングの仲間や場面をイメージし，過程プランの8ステップに沿ってミーティングの展開を予想します。各ステップでの発言や対話の内容を想像します。そのなかで予習不足が明らかになれば，予習をさらに続けます。具体的には次の活動が考えられます。

　①ノートの内容を口頭で伝える練習をする　　まず，予習ノートにまとめた内容を読み返し，ノートを見なくても口頭で説明できるように練習します。予習ノートの内容は書き言葉で表現されており，その内容をそのまま読み上げても，仲間には上手く伝わりません。

　また，予習ノートにまとめた内容を棒読みする時間はありません。LTDミーティングには時間制限があります。ステップごとに限られた時間で，4・5人の仲間と意見を交換しなければなりません。予習ノートはあくまでも手がかりであり，口頭で伝えたい内容は予習ノートを見なくても言えるだけの準備が必要です。

　②ステップごとに発言や質問の準備をする　　次に，予習ノートを作成していて疑問に思ったことや分からなかったこと，さらには確認したいことがないかをステップごとにチェックします。もしあればミーティングで質問できるように具体的な準備をします。むろん，疑問点は，まずは自分自身で調べて考えることが前提です。仲間への質問や確認はその次です。

　③ステップごとに対話をイメージする　　予習内容を口頭で伝える準備や各ステップでの発言や質問が準備できたら，LTD過程プランのstep 1からstep 8にかけて，実際のミーティングを想像してください。仲間の顔を思い浮かべながら，どんな対話が生まれるか予想してみてください。仲間からの質問や発言を予想し，それにどのように答えるか想像してください。ミーティングでの仲間との対話場面をイメージでき，上手くやれると思ったら，予習は終了です。

　なお，この対話場面の想像はミーティングを経験していなければ難しいものです。一度でもミーティングを体験すると容易にできます。初めてのときには対話を想像するのは難しくて当然です。

　④準備不足が分かれば予習を続ける　　上記のリハーサルを通して予習不足が明らかになれば，その点についての予習を深めます。そして再度，対話場面を想像し，過程プランの8ステップが上手く流れるようであれば，ミーティングにむけての準備は終了です。

（3）助　　言

　リハーサルを重ね，口頭で説明する順番や，強調したい点などを予習ノートに書き込みます。そうすると，これまでの予習ノートが，口頭発表用の手持ち資料になります。

　または再度，手持ち資料を作り直すのもいいでしょう。本章で例示した予習ノートは，step 8のリハーサルを繰り返すなかで作られた資料と考えてください。過程プランの8ステップに沿って予習ノートを作成したとしても，最初か

らこのようなノートができるとは思わないでください。ここまで予習ノートをコンパクトにまとめるには、実は多くの時間がかかります。最初から完成形をめざしても難しいものです。

　最後に、ミーティングの直前に最終的な確認も含めて、再度リハーサルすることを勧めます。予習はできるだけ早く取りかかり、一旦、8ステップまで済ませます。この状態でミーティングの実施日を待つことになります。しかし、予習が終了してからミーティングまで長い時間が空くと、内容を忘れることがあります。これでは折角の予習も効果が半減します。そこで、ミーティングの前に再度、リハーサルをすることを勧めます。直前のリハーサルで、頭が活性化し、ミーティングの効果を高めることができます。

4．まとめ

　本章ではLTDを実践するために必要な予習の仕方と予習ノートの作り方について述べました。LTDに対して、いま皆さんはどんな印象をもっているでしょうか。これまで皆さんがやってきた予習と比べて、その違いに驚いているのではないでしょうか。また、これだけやれば理解が深まるのは当然だと、LTDの有効性を予見している人もいるでしょう。

　同時に、自分にはやれるだろうかと一抹の不安を抱いているかも知れません。しかし、心配はいりません。各ステップの目的と方法が明確なので予習そのものはやりやすいようです。また、ステップに沿って予習を進めると、一歩一歩、課題文を深く理解できているという達成感を味わうことができ、予習の励みにもなるようです。

　予習の程度とミーティングの充実度は比例します。前にも述べましたが、予習していなければ過程プランに沿ったミーティングをいくら実践したとしてもLTDとはいえません。LTDミーティングを素晴らしいものにするか否かは、ミーティングに参加している仲間一人ひとりの予習の程度に依存しています。この点をしっかり認識したうえで予習をしてください。

　では、予習ができたことを前提に、次章ではLTDミーティングの方法を説明します。

第3章
ミーティングの方法

　本章ではLTD過程プランによるミーティングの方法を説明します。予習では一人で課題文を読みましたが，ミーティングでは仲間と協力して課題文を読み解きます。前章と同様，ステップごとに目的，方法，注意事項などを中心に説明します。各ステップの説明は前章に続き二回目になります。過程プランや各ステップが意図している内容を，さらに深く理解してください。

　ところで，ミーティングを行うためには若干の基本事項を知っておくと上手くいきます。過程プラン8ステップの具体的な説明に入る前に，これらの基本事項について簡単にふれます。いずれもミーティングによる学習効果を高める工夫です。より詳しい説明は第2部で行います。

1. ミーティングの基本

```
ミーティングの基本

□ 目的　個人の学習・理解の深化

□ 形態　異質なグループ
　　□ 人数　4・5人
　　□ 座席　車座のイメージ

□ 回数
　　□ 継続は力なり

                ミーティングでの座り方
                参加者は接近して座る
```

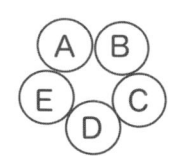

スライド3-1　ミーティングの基本

（1）ミーティングの目的

　LTDミーティングの目的は参加者一人ひとりが課題文をより深く理解することです。グループ活動には良好な人間関係が前提となるので，LTDミーティングでも人間関係の構築が主な目的と捉える人もいます。しかし，LTDミ

ーティングの最終的な目的は課題文の理解（学習）を深めることです。むろん，良好な人間関係は，グループ活動に参加しているメンバーが，心と力を合わせて課題文を理解しようとするなかで培われます（1章，p.6）。

（2）　グループ編成

　グループ編成の方法は4章で詳しく検討しますが，ここでは特に大切な二つの点にふれておきます。一つは人数であり，一つは異質性です（安永，2012）。

　一つ目がグループの人数についてです。LTDでは4人ないしは5人のグループ編成を勧めています。むろん，人数は固定したものではありません。メンバーの，課題文の内容に対する興味や関心，関連する知識量，LTDに対する習熟度などにより変更して構いません。

　二つ目がメンバーの異質性についてです。LTDでは，性別や年齢，学力や特性など幅広い側面において，異質なメンバーでのグループ編成を勧めています。異質なメンバーが集まれば，同じ課題文の捉え方も多様になります。メンバーの発言内容にズレが生じやすく，その解消にむけた話し合いが活発になります。

（3）　ミーティングの場所と座り方

　ミーティングの場所は話し合いに集中できるところであればどこでも構いません。ミーティングでは話し合うことが目的です。ノートの整理や記録が目的ではありません。したがって，テーブルや机はなくても構いません。椅子だけでも大丈夫です。

　ミーティングでの座り方はスライド3-1やイラストに示すように車座のイメージで座ることを勧めています。それも，できるだけ椅子を近づけて座るのがポイントです。一人のメンバーが，ほんのわずかでも車座の輪から外れていると思えば，なかに入るように指示してください。物理的な距離と心理的な距離は比例します。そのままにしていますと，知らず知らずのうちに他のメンバーとの心理的距離が広がるということもあります。一般的な教室を使う場合の座り方についてはスライド4-5（4章，p.67）を参考にしてください。

（4）　実践回数

　予習の説明でお分かりのようにLTDは複雑な学習法です。頭で理解しただけではその素晴らしさを十分には把握できません。LTDの素晴らしさを実感するには体験が一番です。LTD過程プランに従って予習し，ミーティングをしてみてください。その際，LTDが理想とする学びの世界をめざして，LTD過程プランが求めている活動を確実に行ってください。そうすると一度の体験でも，LTDの有効性を肌で感じることができます。これまでにない充実感と

達成感に驚くと思います。その感覚を大切にして3回ほどミーティングを続けるとLTD本来の姿が見えてきます。

グループは生き物です。回を重ねるごとに，素晴らしい学習グループに育っていきます。できれば一定期間，同じグループでLTDを繰り返すことを勧めます。

2．ミーティングに臨む基本姿勢

> **ミーティングに臨む基本姿勢**
>
> ① 協同の精神を大切にする
> ② 予習する
> ③ 時間を守る
> ④ 役割を固定しない
> ⑤ 積極的に参加する
>   ▸ ノートを手がかりに話し合う
>   ▸ 途中でノートをとらない
>   ▸ 要点を簡潔に話し，対話する

スライド3-2　ミーティングに臨む基本姿勢

LTDミーティングを成功させる秘訣は，LTD過程プランを十分に理解し，忠実に実行することです。過程プランにはLTDの考え方と手順が凝縮されています。ミーティング中，過程プランの各ステップでなすべきことを行い，禁止されていることは行わない，という姿勢で臨んでください。以下，LTDミーティングでしばしば問題になる点を列挙しておきます。

（1）協同の精神を大切にする

グループ活動は，協同作業に対する参加メンバーの考え方に強く影響されます。メンバー一人ひとりが「協同の精神」を深く理解し，具体的な行為として表すことができれば，グループ活動の効果は間違いなく高まります。

ここでいう「協同の精神」とは，学習目的の達成にむけ，共に心と力を合わせて，自分と仲間のために真剣に学ぶことを良しとする考え方です。他者はともかく自分さえ理解できればいい，という自己中心的な考え方の対極にある考え方です。LTDミーティングの目的を達成するために，いまの自分には何ができるかを常に問い，実行する姿勢が大切になります。協同の精神に基づき，メンバー一人ひとりがグループへの貢献を心がけると，グループはより望ましい学習コミュニティへと変化します。

「協同の精神」に関する詳しい説明は5章（p.88）を参照してください。

（2） 予習する

　予習なしのミーティングはLTDではありません。このことは既にお伝えしました。必ず予習をしたうえでミーティングに参加してください。一度ミーティングを経験すれば予習の大切さを痛感できます。予習を徹底的にやれば，それだけ大きな見返りがあります。手を抜くと惨めな結果になります。

　むろん，予習が不十分なことを誰も責めません。メンバーとの話し合いを通して自分自身が「もっとしっかりと予習すべきであった」と猛省することになります。なぜか。過程プランに沿ったメンバーとの対話の素晴らしさを実感でき，予習が不十分なためにミーティングに乗っていけなかった自分を残念に思うからです。実際に，LTDの経験者から幾度となく聞いた感想です。

（3） 時間を守る

　過程プランでは各ステップの時間が決められています[1]。この時間は必ず守ってください。例えばstep 4は12分間です。必ず12分間話し合ってください。まだ2・3分間残っているのに，話すことがなくなったという理由で次のステップにいくことはできません。逆に，時間を延長することもできません。

　時間を守るように指示したところブザー付きタイマーをもってきた学生がいました。確かに時間管理の一つの方法です。しかし，機械は機械。誰が何を話していようが容赦なくブザーが鳴ります。話の展開とは無関係に，途中で話が打ち切られるので，何となく後味が悪い終わり方になりました。時間経過に気を配りながらも話の流れを考慮した人間味ある時間管理をお願いしたいものです。

　そこで提案しているのが「±15秒ルール」です。これは各ステップに割り当てられている時間（分）の前後15秒以内を目途に，話が途絶えたときにステップの終了時間を告げるという方法です。例えばstep 4に割り当てられた時間は12分です。「±15秒ルール」をあてはめれば11分45秒から12分15秒となります。この間で話が途絶えたときに時間経過を告げます。11分45秒が経過したところで「終わり」を告げようと思ったときにメンバーの一人が話していたとしても，30秒もあれば，どこかで息継ぎをします。そこに「間」ができます。この間を捉えて，ステップの「終わり」を知らせると，次のステップへスムーズに移行できます。

（4） 役割を固定しない

　ミーティングの時間管理を行うために時間係を設けます。時間係の役割は各ステップに割り当てられた時間を，他のメンバーよりも意識し，時間経過を知らせることです。時間係はミーティングごとに交替してください。役割を固定することはよくありません。時間係以外のメンバーも時間経過に気を配ってください。時間係以外のメンバーから「そろそろ時間じゃない？」という声かけ

1　過程プラン各ステップの制限時間は経験的に導かれた時間です。課題文の分量や内容によって，さらにはLTDに対するメンバーの熟達度などにより，ステップの時間を調整することも可能です。本書ではLTDを初めて体験する人を想定していますので，各ステップに対する基本的な配分時間を推奨しています。

があって当然です。

　時間係を決めると時間係がリーダーという暗黙の了解がグループのなかで生まれることがあります。時間係になった人もそのように振る舞いがちです。しかし，これは間違いです。時間管理はリーダーに与えられた特権という認識があるのか，時間係がグループの運営を任されたと勘違いするようです。

　時間係はリーダーでもなく進行係でもありません。LTDミーティングでは参加しているメンバー全員が対等という意識を強くもってください。表現を変えれば，参加しているメンバー全員がリーダーであり，同時に，メンバー全員がフォロワーであるという意識です。なお，グループ活動における役割の種類と設定の仕方については4章（p.80）を参照してください。

（5）積極的に参加する

　話し合いには積極的に参加してください。積極的参加の基本は傾聴とミラーリング（4章，p.72），簡潔な発言，テンポの良い交流です。時間を独り占めしてはいけません。まだ発言できていない人がいたら，発言を促すことも積極的な参加です。全員参加の活発な話し合いを心がけてください。そのために，次の点に気をつけてください。

　　a）背筋を伸ばし，メンバーに体をむけ，顔を見ながら話し合う。
　　b）予習ノートを手がかりに話し合う。
　　c）ミーティング中に課題文は見ない。
　　d）ミーティング中にノートをとらない。

　メンバー全員が背筋を伸ばして，体を向け，互いの顔を見ながら話している様子は，とても素敵です。全員が真剣に対話している様子が伝わってきます。

　課題文を見ると，ついつい文章を読み始めてしまい，話し合いについていけなくなります。課題文の内容を確かめる必要があれば，メンバーの同意を得て，全員で確認します。確認が終わったら課題文は伏せます。

　簡単なメモやチェックは許されますが，ミーティング中にノートはとりません。各ステップは時間が限られており，話し合いに集中すべきです。話し合いのスピードは速く，他のことを行う余裕はありません。

3．過程プランに基づくミーティングの方法

　LTDミーティングに必要な留意点は以上の通りです。これらを前提にミーティングの方法を説明します。

　なお，説明の具体性を高めるために，5人の学生（ケイコ・ヨウコ・アカリ・ヒロシ・タカシ）が前章で扱った「大学での学び方」を課題文としてミーティングをしているという，架空の場面を設定しました。この5人の学生はグループづくりを終え，交流も深まり，互いに基本的な信頼関係で結ばれており，共に学び合える状態であることを前提にします。

彼らには一週間前に課題文が渡されました。その後，各自で予習をして，これからミーティングが始まるという場面です。以下，ステップごとに5人のミーティングをシナリオ風に紹介します。皆さんも前章で作成した予習ノートを手元におき，自分であればどのように発言するか想像しながらシナリオを読み進めると，ミーティングをイメージしやすくなると思います。

《step 1》雰囲気づくり（3分間）

```
       step 1  雰囲気づくり   3分間
目的：意識を切り替え，仲間の状態を把握する
方法：各自の状態を率直に述べて共有する
      ▶ 心身の状態
      ▶ 予習の程度
      ▶ 意気込み       他
注意：① 手短に
      ② 人は常に変化している
      ③ 予習の程度を知らせる
```

スライド3-3　step 1 雰囲気づくり

（1）目　　的

　step 1では，メンバーの意識を切り替え，「これから仲間と一緒に学ぶ」という意識をメンバー全員で共有します。そして，メンバーの心身の状態を把握し，ミーティングの雰囲気を高めます。

（2）方　　法

　①挨　　拶　　まず，全員で挨拶を行います。
　②状態報告　　続いて，一人ずつ，ほぼ同じ時間を使って，心身の状態と予習の程度を述べます。予習の程度は重要な情報です。予習が不十分なときは，step 1でメンバーに伝えます。他のメンバーはそのことを知ったうえで話し合いを始めます。

（3）注意・助言

　①発言時間　　step 1は3分間と短いので，一人ひとりの発言は手短に。ダラダラと時間をかけてはいけません。メンバー全員がほぼ同じだけ話すこと心がけてください。
　②心身の状態　　人は常に変化しています。体も心も，その時々に変化して

います。したがって，ミーティング開始時のメンバー一人ひとりの状態を知っておくことは大切です。一緒に学ぶメンバーの状態が理解できていれば，必要に応じて，メンバーに対して適切なサポートができます。

　③予　習　予習が不十分なときは，必ず報告します。予習が足りないことは大きな問題です。しかし，step 1 で，予習不足について議論にする時間はありません。必要であれば最後の step 8「ふり返り」で取り上げてください。

　また，step 2 以降の話し合いのなかで予習が不十分なメンバーを特別扱いしてはいけません。予習不足であろうが一緒にミーティングに参加しているメンバーです。そのメンバーを「予習していないので分からないだろう」という意識で横に押しやるのはよくありません。

　一方，予習不足の本人は予習不足を口実に話し合いを避ける態度を取りがちです。しかし，消極的な参加態度を取ってはいけません。予習が不十分でもグループに貢献することはできます。例えば，メンバーの話を傾聴することや，分からない点を質問することも貢献です。予習が足りない人は，ミーティングの場でできる貢献をしっかり考えて実行してください。それがミーティングに参加している仲間としての最低限の礼儀であり，責務です。

（4）話し合いの例

　ここでは 5 人の学生（ケイコ・ヨウコ・アカリ・ヒロシ・タカシ）が課題文「大学での学び方」を学習課題として話し合っている場面をシナリオ風に紹介します。いま，ミーティングが始まりました。話し合いの雰囲気を味わってください。

全　員：おはようございます。
アカリ：じゃ，始めましょう。ところで時間係，誰がする？
ヒロシ：先週，ヨウコさんがやったので，今日はぼくがやるよ。（全員同意）
　　　　ではいまから 3 分間ということで，step 1 だね。
ヨウコ：みんな気分どう？　私はちょっと寝不足。予習に時間がかかって……。
タカシ：体調は大丈夫。ただ，今日は少し予習が不十分かなと思っています。課題文全体は読めたけど，関連づけがうまくいかなかったので。でも，内容は面白かったので，がんばります。ケイコさんはどう？
ケイコ：うん，体調もいいし，予習も自分なりにはできていると思う。

《step 2》言葉の理解（3 分間）

（1）目　的
　step 2 の目的は著者が使っている言葉の意味を正しく理解することです。

（2）方　法
　予習ノートにまとめてきた言葉のうち，新しい発見があった言葉や，意外な意味で使われている言葉があれば，メンバーに紹介し，確認します。また，調べたけど上手く理解できなかった言葉に関しては，メンバーに質問します。

```
┌─────────────────────────────────────────┐
│     step 2   言葉の理解   3分間          │
│                                         │
│  目的：著者の言葉の意味を把握する        │
│                                         │
│  方法：意味の微妙なズレを手がかりに      │
│       言葉の理解を深める                 │
│                                         │
│  注意：概念定義　文章も検討可　評価は不可 │
│                                         │
│              ┌──────┐                   │
│              │著者の意味│                  │
│   ┌──────┐  └──────┘ ┌──────┐           │
│   │辞書1の意味│──○──│辞書2の意味│        │
│   └──────┘         └──────┘           │
│                                         │
└─────────────────────────────────────────┘

スライド3-4　step 2 言葉の理解

　具体的には，辞書や辞典で調べてきた言葉の意味を出し合って，その異同を手がかりに話し合うことにより，言葉の理解が進みます。そして最終的には，課題文のなかで，それらの言葉を著者がどのような意味で使っているかを確認します。

### （3）　注意・助言

　話し合いで最も大切なことは，同じ言葉を同じ意味で使うことです。同じ言葉でも意味が違っていては，話し合いになりません。課題文の主張を正しく理解する際も同じです。
　例えば課題文「大学での学び方」に繰り返し出てきた「学習」について，ケイコとヨウコが違う辞書を使って調べてきたとしましょう。予習ノートにはそれぞれ次のようにまとめられています。

　　（ケイコのノート）
　　学習：①まなびならうこと。②（教）過去の経験の上に立って，新しい知識や技術
　　　　　を習得すること。広義には精神・身体の後天的発達をいう。③（心）行動が
　　　　　経験によって多少とも持続的に変容を示すこと。(広辞苑)
　　（ヨウコのノート）
　　学習：①学びならうこと。勉強。②心理学で，同じ条件が繰り返される結果，行動
　　　　　のしかたが定着すること。Learning.（日本語大辞典）

　自分の予習ノートにまとめた内容を手がかりに，二人は「学習」についての自分の理解をメンバーに紹介します。するとそこに若干のズレがあることに気づきます。その原因を探っていくなかで，二人が調べた辞書によって「学習」についての説明内容が微妙にズレていることに気づくこともあります。そうすると，著者はどちらの意味で使っているのか，または，それらとは若干違った意味で使っているのかが気になります。この辺をメンバーと話し合って，著者
```

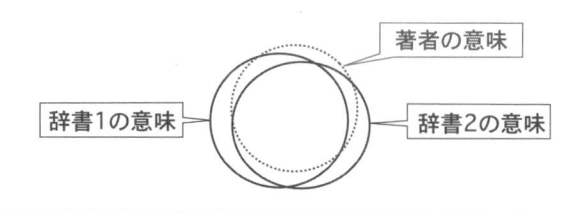

が使っている「学習」の意味を理解することが step 2 の目的です。

（4） 話し合いの例

step 1 が終わりました。時間係のヒロシの発言で step 2 が始まります。

過程プランのステップを十分に理解していない段階では，アカリが述べているように，ステップの開始時にステップの目的と方法を簡単に確認することも有効です。ただし，手短に。話し合いに興味関心が少ない学生は，時として，ステップの内容や方法について必要以上にこだわってきます。お互い注意してください。

ヒロシ：そろそろ時間です。
ケイコ：エッ，もう時間？　早いね。
ヒロシ：そう，3分たったよ。次は step 2 です。step 2 も 3 分間です。
アカリ：step 2 って，言葉の理解だったよね。（全員，うなずく）
　　　　「力動的」というの，誰か分かる？　辞書調べたけどなかったの。
タカシ：あぁーっ，やっぱり。僕の辞書にもなかった。でも前に「力動的」って，dynamic の訳と聞いたことがある。「力強く動くこと」ということで，「活動的」とか「活力に満ちた」という意味じゃない？　これで前後の文脈とも合う。ちなみに反対が static で「静的な」という意味があったよ。

《step 3》主張の理解（6分間）

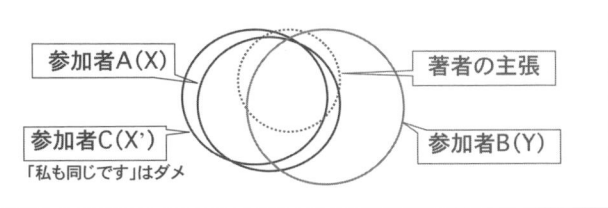

スライド 3-5　step 3 主張の理解

（1） 目　的

step 3 の目的は著者の主張を理解することです。著者の主張をありのままに受容することが step 3 の目的です。

（2）方　　法

①話し合い方　予習ノートを手がかりに，著者の主張を自分の言葉で簡潔に述べます。予習ノートを棒読みするのは極力避けてください。時間が6分と短いので時間を意識しながら，まずメンバー全員が一人ずつ自分のまとめを紹介します。その後，各自のまとめを手がかりに仲間と話し合い，著者の主張に少しでも近づくことを目標にします（ラウンド＝ロビン，4章，p.74）。

例えばスライド3-5を見てください。いまメンバーAがXと発言し，メンバーBがYと発言したとします。そして，両者のズレがベン図で示したように明確だったとします。このような状況であれば，両者の発言内容に大きなズレがあることは明白であり，そのズレを解消するために，話し合いが自然と始まります。話し合いを通して，著者の主張はXなのかYなのか，それともそれ以外なのかを明らかにします。

一方，メンバーAとメンバーCの発言内容はXとX'で，わずかな違いしかありません。最初にAがXと述べたとします。それを聴いたCが「私もAさんと同じです」と述べて，発言を終わることがあります。これはよくありません。

LTDでは「私も同じ」で発言を終えることを禁止しています。Aと同じと思ったとしても，Cは自分の言葉でX'を述べます。すると述べている最中に，C本人がAとの違いに気づくことがあります。またCが気づかなくても，それを聞いているAや他のメンバーが違いに気づくこともあります。自分の言葉で述べると自他の意見の異同が明らかになり，話し合いを展開する手がかりが見つかることもあります。

②時間管理と終わり方　step 3は6分間です。時間が短いので，発言は簡潔を心がけ，テンポ良く話し合ってください。そのためには準備が必要です。予習の段階で，著者の主張をできるだけ絞り込んで，発表の練習（リハーサル）もしておいてください。そうしないと，全員が発言できなかったり，一人が時間を取りすぎたり，一人ずつ発言するだけで話し合いにならなかったりと，あっという間に時間がたちます。

話し合いを通して，全員の理解が一致すればstep 3の目的は達したことになります。配分時間の6分が経過すれば次のstep 4に移ります。配分時間が余ったとしても先に進みません。本当に理解が一致したかを，時間いっぱい確認します。沈黙は厳禁です。

しかし，6分が経過しても全員の理解が一致しない場合どうすべきか，という問題が生じます。この場合は，例えばXとX'という二つの理解があるということをメンバー全員で確認して，次のstep 4に移ります。理解の一致が得られるまでstep 3を延長してはいけません。

（3）注　　意

課題文を評価してはいけません。例えば，著者の主張を話し合っているとき，ついつい「著者は，……といっていると思います。でもちょっと違うな，と思います」などと言ってしまいます。後半は評価になっています。これは厳禁で

す。

（４）助　　言

　step 3 で理解の一致が得られなくても，step 4 以降での話し合いがきっかけとなり，理解の一致が得られることもあります。逆に，一旦一致していた理解が怪しくなることもあります。お互いが真剣に話し合うと，誰にも予測できない展開があります。これこそ話し合いの真骨頂であり，面白さです。

　蛇足ですが，記憶中心の学習に慣れている人たちは正答をほしがります。正答がないと不安になり動けなくなる人もいるようです。しかし，不安は不安として抱えて次のステップへ進みます。その場に留まるより先へ進み，メンバーとの話し合いを展開するなかで，理解が深まり，正答らしきものが見えてきて，不安が消えることもあります。

（５）話し合いの例

　予習ノートにまとめてきた著者の主張を棒読みにするのではなく，自分の言葉で伝えるという姿勢が大切です。また，メンバーの発言をただ聞き流すのではなく，しっかり傾聴し，ミラーリングを行い，反応することが大切です。傾聴とミラーリングは 4 章（p.72）を参照してください。

アカリ：「大学では自ら考え，問い続け，真実に近づこうとする学習が大事であって，そのような学び方で，大きな変化が期待され，人生が豊かになる」というのが著者の主張かな，と思いました。
ヨウコ：アカリさんは，真実を追究するために，自ら考え続け，問い続けることを中心とした学びが自分の人生を豊かにすると，まとめていたと思いますが（ミラーリング），わたしの理解で間違いありませんか。
アカリ：はい。そんな学び方をやっていると，その人が変化し，人生が豊かになる，と。
ヨウコ：私も，アカリさんと似ていますが，自分の言葉で言ってみるね。著者の主張は「大学で実践すべきは覚える学習を土台とした考える学習で，この方法で学び，理解すると大きな喜びが得られ，その喜びが，次の学びへの意欲を高め，自分を変化させてくれる」って，まとめられると思いました。
ヒロシ：二人のまとめを聞いていて「学びによる変化」が共通していたけど，著者が一番言いたいことは「大学では，自分自身を変化成長させる学びが必要である」とまとめていいかな。確かに，覚える学習や考える学習などの方法も書いてあったけど，中心は変化成長にあるように聞こえるけど。

《step 4》話題の理解（12 分間）

（１）目　　的

　step 4 の目的は，課題文の主張を支持する話題を吟味して，著者の主張をより詳細かつ深く理解することです。

（２）方　　法

　①**中心的な話題を 2・3 選ぶ**　　step 4 では具体的な話し合いに入る前に，

---

step 4　話題の理解　12分間

目的：話題を理解して著者の主張を深く読み解く

方法：① 中心的な話題を2・3選ぶ（手短に）
　　　② 選定した話題をstep 3と同じ方法で
　　　　話し合う

注意：① 選定した根拠は必ず話し合う
　　　② 時間管理に注意する
　　　③ 他の注意はstep3と同じ

スライド3-6　step 4 話題の理解

ミーティングで取り上げる話題を選びます。各自が検討したい話題を出し合い，そのなかから2・3の話題を選択します。そのとき，基本的に理由を述べる必要はありません。理由を述べると話し合いに展開してしまいます。話し合う話題を手短に決めてください。なお，ミーティングで話し合う話題を決定するときには必ずメンバー全員の同意を取ります。これも手短に。

話題の選定にあたっては，単なる好き嫌いや，自分の興味関心だけで選んではいけません。あくまでも著者の主張をより詳細に理解するために，その主張を支持している話題を検討するのが step 4 の目的です。したがって，著者の主張を最も強力に支持していると思われる話題から選択します。

step 4で検討する話題を確認したうえで話し合いを始めます。step 4 は12分間です。検討する話題を二つ選んだのであれば一つの話題を5分程度で話し合うことになります。話題が三つであれば3・4分ということになります。

②選定した話題を step 3 と同じ方法で話し合う　話し合いの方法は step 3 と同じです。注意事項も同じです。個人の意見や感想は述べません。記述内容についての批判や評価は禁止です。

時に，予習はしてきたが選定された話題をまとめていないというメンバーがいることもあります。そのときは，自分の予習を手がかりに，内容を類推しながら話し合いに参加してください。

（3）　注意・助言

選定した話題は必ず話し合ってください。そのためには時間管理が大切になります。いま，三つの話題を取り上げることが決まったとします。しかし，最初の話題に関する話し合いが長引き，二番目，三番目の話題を話し合う時間が短くなったり，時間切れで話せなかったり，ということはよくあります。最後の話題について発言したいと思っている人もいます。その人の期待を裏切ることにもなります。話題の数に合った時間配分を行い，最初に決めたことを必

ず実行する姿勢が必要です。

（4） 話し合いの例（話題の決め方）

ヒロシ：はい，時間です。次は step 4。話題の理解です。ぼくは「望ましい学習法」に
　　　　ついて話したいな。
ケイコ：私も「望ましい学習法」と「変化成長をもたらす学習」がいいな。
ヨウコ：私も「望ましい学習法」は話したい。できたら「考える学習の工夫」も。
タカシ：ぼくも同じところを選んだ。「変化をもたらす学習」は全体のまとめで，短いし，
　　　　他の内容ともかぶっているので，今日は「望ましい学習法」と「考える学習の
　　　　工夫」でいいんじゃないかな。どう。（全員承諾）
　　　　じゃ，5分ずつを目安に，二つの話題ということで。

《step 5》知識との関連づけ（15分間）

```
step 5  知識との関連づけ    15分間

目的：関連づけを通して理解を深め，
　　　知識を体系化し記憶を促進する

方法：① 関連づけを紹介する
　　　② 関連づけの適切性や妥当性を話し合う
　　　③ 話し合いを手がかりに理解を深める

注意：① 途中で気づいた関連づけも提供可
　　　② 自己との関連づけはstep6
```

スライド 3-7　step 5 知識との関連づけ

（1） 目　的

予習で考えてきた関連づけを出し合い，多様な視点から課題文の内容を吟味して理解を深めるのが step 5 の目的です。

（2） 方　法

step 5 では予習ノートにまとめてきた関連づけをメンバーに伝えます。課題文「大学での学び方」を例に取れば，これまで大学や高校などで経験した学習法や，受験勉強などの体験をターゲットとした関連づけがよくでます。

メンバーは提示された関連づけの適切性や妥当性について話し合います。納得できるものであれば，その関連づけを受け入れ，新しい視点から学習課題の内容を理解します。

（3） 注　　意

①**関連づけの連想**　メンバーとの話し合いのなかで新しい関連づけを思いつくことがあります。そのような関連づけも積極的に紹介し，話し合いをさらに膨らませてください。このように，メンバーとの話し合いのなかで，新しい関連づけが見えてくることこそ，話し合いの醍醐味です。

②**step 5 と step 6 の区別**　両者の区別については前章でも検討しました。特に気をつけるべきことは，自分の経験を関連づけの対象とする場合でした。自分の経験で得られた事実を，自分が知っている一般的な知識と関連づけるのが step 5 の「知識との関連づけ」です。一方，自分の体験で得られた事実を，自分自身や自分の人間関係，自分が所属する集団と直接関連づけ，自分の思いを述べるのが step 6 の「自己との関連づけ」です。

step 5 と step 6 の区別は LTD に慣れていないと混乱します。多くの参加者が大なり小なり経験することです。LTD の体験を通して徐々に理解を深めてください。大切なことは step 5 と step 6 の区別を意識しながら話し合うことです。LTD を繰り返すなかで区別ができるようになります。

（4） 助　　言

予習で 1 人が 1 個ずつの関連づけを準備できていたとすれば，4 人グループであれば仲間 3 人の三つの関連づけを新しく知ることができます。仲間と話し合うことにより一挙に関連づけが広がります。それも自分が考えてもいなかった関連づけを知ることができ，課題文の理解と記憶が一層深まります。

step 5 ではメンバーの視点が一挙に広がるせいか，話し合いも盛り上がります。step 5 の配分時間は 15 分と 8 ステップのなかで最も長いのですが，これでも時間が足りないくらいです。話が盛りあがるのはいいことですが，ついつい時間をオーバーしがちです。制限時間を守ることを忘れないでください。

（5） 話し合いの例

学生は受験勉強など，互いに似た経験をしています。「大学での学び方」を課題文とした場合，類似した関連づけがしばしば出され「みんな同じだ」と確認ができるようです。その結果，仲間意識が高まり，グループ内のつながりがさらに深まり，一種の安心感が醸し出されることもあります。

ところが，同じ「大学での学び方」を読んでも，到底考えもしなかった内容と関連づける学生もでてきます。そのような関連づけを聞いた仲間は驚きます。関連づけの内容に驚くと同時に，そんなことを考えてきた仲間に対して尊敬の念をもつことさえあります。同じ仲間ですが，一人ひとりがそれぞれ素晴らしい内面世界をもつ掛け替えのない存在であるという認識が作られていくきっかけになります。

アカリ：私が関連づけたのは「考える学習の工夫」のところなんだけど「考える勉強の
　　　　方法として自分の言葉で述べ直す。自分の言葉で述べ直すと理解が進む」とい

う内容を読んでいて，本屋さんで見つけた大学院受験の「院試攻略」の参考書を思い出しました。院試に関心があったので読んでみたんだけど，同じことが書いてあったの，その参考書にも。勉強方法として概論書にある専門用語や内容を自分の言葉でまとめて要約することがいいと勧めていた。

ケイコ：アカリさんの関連づけを聞いていて思い出したんだけど，ある授業では先生が専門用語の説明を行った後，学生同士がペアになって先生の説明内容を確認し合います。僕もやったんだけど，なかなか上手く説明できないことがある。先生の説明を聞いているときは分かったつもりでいるのだけど，いざ相手に伝えようとすると，上手く説明できない。本当に理解していないと自分の言葉では上手く説明できないんだなと，そのとき思ったんだけど，「自分の言葉で述べ直す」というのは本当に大切だと思う。

タカシ：そのことと同じことが「考える学習の工夫」でも書いてあったね。仲間との対話だったか，そことの関連づけにもなっているよね。

《step 6》自己との関連づけ（12分間）

```
step 6   自己との関連づけ   12分間

目的：関連づけを通して自己についての理解を深
      め、自分の変化成長に役立てる

方法：① 関連づけを紹介する
      ② 関連づけを受容する
      ③ 関連づけの適切性や妥当性を話し合う
      ④ 話し合いで得られた内容を共有する

注意：脱線に注意　常に課題文と関係づける
```

スライド3-8　step 6 自己との関連づけ

（1）目　的

　課題文で学んだ内容を自己と関連づけることがstep 6の目的です。そうすることで自分自身をふり返ることができ，自分自身や自分の生活をよりよいものにする手がかりが得られます。学びが，自分に役立ち，生活が豊かになることを実感できると人はさらに学びたくなります。自己との関連づけで学習意欲を高めることもstep 6の目的となります。

（2）方　法

　課題文で学んだ内容を，自分自身や，自分の人間関係や，自分が所属する集団と関連づけます。予習で準備した関連づけを紹介します。

　step 5と違って，他のメンバーが知らない，自分に関わる内容が関連づけの対象になります。それだけに，仲間の関連づけを尊重し，真摯な気持ちで傾聴

し，受容することが求められます。話し合いでは，関連づけの適切性や妥当性を吟味します。

（3）注　　意

　step 6 は 12 分間です。比較的長い時間が割り当てられていますが，step 5 と同様，話し合いが活発に展開します。時には課題文から離れた内容で盛り上がり，本題になかなか戻れないこともあります。常に課題文とのつながりを意識しながら話し合うことが必要です。ここでも時間厳守をお願いします。

（4）助　　言

　step 6 では，自分の内面を仲間に開示することになります。それだけに，何でも安心して話し合える雰囲気が必要になります。支持的風土とも呼ばれますが，そのような雰囲気のなかでは驚くほど深い内容が語られます。

　逆に，仲間との信頼関係ができていないと自分を出すことができません。差し障りのない話題を提供し，表面的な話し合いで終わってしまいます。

　したがって，LTD ミーティングを実施するまでに，グループの良好な人間関係づくりが必要になります。この点は次の 4 章で取り上げます。

（5）一つの逸話（強い感情移入の例）

　step 6 では，他のステップに比べて課題文に対する感情移入が起こりやすくなります。「インフォームド・コンセント」（秋山，1995）を課題文としてLTD ミーティングを実施したときのことです。五つのグループでミーティングを実施していました。全体が step 6 に入った頃，机間巡視をしていて，あるグループの雰囲気が違うことに気づきました。空気が張りつめて，みんな真剣な顔で一人の学生を見つめ，話を聴いています。見ると，話している学生の頬には一筋の涙がこぼれていました。彼女はその涙を拭こうともせず，仲間の顔を見つめながら，静かな口調でしっかりと話していました。その光景はとても神々しく，私自身，その場に立ちすくみました。

　話に耳を傾けると，その学生は数ヶ月前，祖母をガンで亡くしていました。生前，祖母にガンの告知をするか，しないかでとても苦しい判断を迫られたそうです。おばあちゃん子だった彼女もとても悩んだそうで，そのときの心情と課題文の内容を関連づけていました。

　これほど深い思いを抱きながら学ぶことが，これまでの学校教育の場面で，どれ程あっただろうかと思います。涙を流しながらも，切々と自分の内面世界を話せる場を創りだしたのは仲間の力です。ミーティング後の感想文から，その学生を含め，すべてのメンバーに深い学びを読み取ることができました。

（6）話し合いの例

　step 5 での盛り上がりは step 6 にも引き継がれます。多くの場合，頭が活性化し，まだ話したいという気持ちが強くなります。時には心地よい興奮を感じ

ている学生もいます。

タカシ：step 6 の予習は上手くできていないけど，これまでの話し合いを通して浮かんだ自己との関連づけを話していいかな。（仲間のうなずき）さっき話し合った「望ましい学習法」だけど，ぼく自身は常に正解を受け入れ，それが絶対だと思い，記憶しないといけないという思いこみがあった。これまでの受験勉強では正解がすべてであり，それを疑っていても時間の無駄だと考えていた。基礎的な内容は覚えなければいけないけど，それだけではだめで，問い続ける学習が必要だと分かった。これからは覚える学習に基づいた考える学習ができるようになりたいと思いました。

ヨウコ：私もそう。タカシくんだけじゃないと思う。受験勉強が中心の高校時代までの勉強に慣れている多くの学生が記憶中心だったと思う。著者がいうように，私たちみんながもっている記憶中心の学習法を改め，考える学習を始めないと大学ではやっていけないと思う。

《step 7》課題文の評価（3分間）

```
          step 7   課題文の評価   3分間

   目的：評価を通して課題文を改善する

   方法：① 課題文について批判的かつ建設的に
            評価する
         ② 課題文をより良くする提案を積極的
            に行う

   注意：① 時間が短いので注意する
         ② できるだけ中心的な点を評価する
```

スライド 3-9　step 7 課題文の評価

（1）目　　的

step 7 では課題文を評価し，より良いものにすることが目的です。

（2）方　　法

　この step 7 で，初めて課題文についての評価が許されます。課題文を深く理解するにつれ，著者の主張に対する個人的な意見や感想を抱くのは当然です。そのような意見や感想を出し合って，課題文を評価します。評価においては，課題文で伝えようとする内容をより的確に伝えるためには，どこをどのように修正すればいいか，といった建設的な視点に立った議論が求められます。

（3） 注　　意

　LTDを体験した多くの人がstep 7の時間が短いといいます。step 6まで時間をかけてじっくり学んできただけに，その課題文について述べたい意見や感想がたくさんでてきます。その割にstep 7は短いと感じるようです。確かに，step 7は3分間と他のステップに比べても短い時間しか割り当てられていません。それだけに，予習の段階でstep 7で取り上げるべき本質的なポイントを絞り込んでおく必要があります。本質的なポイントとは，それを修正または解決することで，課題文の主張がより明確になったり，より上手く伝えられるようになったりする点です。

　むろん，課題文の批判ばかりでなく，良いところは公平に評価し，認めることも大切です。

（4） 話し合いの例

　一般的に，自分のことよりも他人のことを語る方が，語りやすいようです。そういう意味もあるのか，step 7で沈黙することは殆どないようです。

ヨウコ：この文章の良いところは，導入の部分から読み手を引き込む工夫がしてあって，疑問形が使われていて，思わず「ん？」と考えてしまいました。全体的に系統立てられていて，難しい言葉は使われていなくて，とても読みやすかった。主張が明確で著者の意図が伝わりやすいと思った。
ケイコ：ヨウコさんの意見には賛成です。ただ，内容的に重複している部分があり，その辺を整理すればもっと良くなるのではないかと感じました。
ヒロシ：例えばどこ？
ケイコ：例えば，「2．問い続ける学習」と「3．望ましい学習法」のあたり。同じような内容が繰り返されていると思ったけど，どう思う？
ヒロシ：確かに同じような内容だったとは思うけど，2を受けて3が展開していたので，あまり気にはならなかったけど。

《step 8》ふり返り（6分間）

（1） 目　　的

　step 8の目的は，予習とミーティングをふり返り，LTDが求めている学習の世界に少しでも近づくために，より望ましい学習グループをつくることです。

（2） 方　　法

　基本的な方法は，LTDの予習とミーティングをふり返り，上手くいっている点と改善すべき点を確認することです。改善すべき点については具体的な対応策を話し合います。

　一つの方法として，次の手順が考えられます。

　①**良い行為と悪い行為をチェックする**　　まず，step 1からstep 7までの話し合いの途中で気づいた点をチェックしておきます。話し合いを通して課題文の理解を深めるというLTDミーティングの目的から判断して，望ましい行

```
┌─────────────────────────────────────────────┐
│  step 8      ふり返り      6分間            │
│                                             │
│  目的：望ましい集団を創るために話し合う     │
│                                             │
│  方法：① 良い行為と悪い行為をチェックする   │
│        ② 事実を中心に率直に述べる           │
│        ③ 理解が得られなければ話し合う       │
│        ④ 他者の指摘に真摯な態度で臨む       │
│                                             │
│  注意：① 評価の目的を再確認する             │
│        ② 個人攻撃に注意する                 │
│        ③ 問題は集団内で解決する             │
└─────────────────────────────────────────────┘
```

スライド3-10　step 8 ふり返り

為や望ましくない行為がチェックの対象になります。必要であれば予習ノートの余白にでも簡単なメモを残しておきます。例えば「割り込み」「無視」「サポート」など。話し合いは常に進んでいますので，長いメモをとる時間はありません。「✓」などの印をつけておくだけでも，その内容を思い出せます。

　②**事実を中心に率直に述べる**　　step 8が始まったら，まず話し合い全体を評価します。グループ全体として話し合いがどれだけ上手く展開したか，グループ全体として改めるべき点はないかなどが話し合いの対象となります。ミーティングの成否に直接関係する予習の方法や予習ノートも対象になります。

　次に個別の行為や出来事についての評価を行います。方法として，ミーティング中にチェックした内容や仲間に伝えたい内容などを，事実を中心に述べます。例えば，「あのときの発言，ちょっと気になった」と指摘します。詳しい理由は必要ありません。指摘された本人が一番よく分かっています。多くの場合，「アッ，ごめん。そうだね。わたしもよくなかったと思う。今度から気をつける」といった反応が返ってきます。

　望ましい行為であれば指摘しやすいのですが，望ましくない行為は指摘しにくいものです。でも，ほんの少し勇気をだして指摘してください。指摘された本人はほとんどの場合，理解してくれます。

　③**理解が得られなければ話し合う**　　指摘しても理解が得られないことがあります。例えば，前述同様「あのときの発言，ちょっと気になった」との指摘に対して「エッ，わたし，そんなこと言った？」とか「そんなつもりじゃないよ」という反応が返ってきたとき，話し合います。

　理解が得られない理由はいろいろ考えられます。一番多いのが誤解です。指摘した側と指摘された側に何らかの誤解があることが考えられます。この場合，メンバー全員で話し合って誤解を解くことが大切です。指摘した側と指摘された側の二人の問題ではなく，グループ全体の問題として取り上げ，その場で，真摯な態度で話し合って解決します。誤解をそのままにしておくことはグルー

プにとって致命的なダメージになります。

（3） 注意・助言

①評価の目的を再確認する　まず評価の目的を再度確認してください。step 8 の「ふり返り」は，よりよい学習グループを創るためです。この点を常に意識しながら評価をします。

②個人攻撃に注意する　グループをよくするために避けて通れなければ，個人的な問題も取り上げます。その際も個人を攻撃することが目的ではなく，より望ましい学習グループを作ることが目的であることをしっかりと認識してください。評価目的を互いに理解できれば，個人的な問題についての他者の指摘に対しても真摯な態度で臨むことができます。

③問題は集団内で解決する　グループ内で生じた問題はグループ内で解決します。グループの外にはもち出さないでください。些細なことのように思われますが，グループ内の問題をグループの外で話すと，仲間の信頼関係にヒビが入り，グループが崩壊してしまいます。

また，逆もいけません。グループ外の問題を LTD のミーティングにもち込むことは止めてください。それはグループ外の，別の場所で解決すべきです。LTD のグループは課題文の理解を目的とした学習の場であることを忘れないでください。

（4） 話し合いの例

　上手くいった LTD ミーティングでは時間の経過を速く感じるようです。それだけ，真剣に話し合っている証拠です。最後のふり返りは，その余韻のなかで行われます。

ヒロシ：今日は時計係をやったけど，みんなが時間を気にかけてくれていたので，とてもやりやすかった。LTD のステップにも随分慣れてきていると思う。上手くいったと思う。
ケイコ：そうね。step 5 と step 6 の違いはまだ少し理解が足りないと思うところもあったけど，よくなっていると思う。
アカリ：ヨウコさんはとても予習をよくやっていてすごいと思った。step 3 で著者の主張を話し合うときヨウコさんの発言がとても参考になった。
タカシ：予習についていえば，今日は予習が不十分だったけど，やっぱり予習はしっかりすべきだと思った。次回は完璧にやってきます。
ヨウコ：でも，タカシさんは予習が十分でないといっていた step 5 以降でも積極的に意見をいっていたのは立派だと思いました。
ヒロシ：はい，時間がきましたのでミーティングを終わりたいと思います。
全　員：お疲れ様でした。ありがとうございました。

4．まとめ

　本章では，LTD 過程プランに基づく LTD ミーティングの方法を詳細に検討しました。前章に続いて 2 回目の説明でしたが，LTD 過程プランの理解は

進みましたか。

　ミーティングで心がけるべきことは，予習ノートを手がかりに，各ステップで求められている内容を，時間が許す限り，メンバーと真剣に語り合うことです。つまり，考えていることを口に出し，メンバーに伝える。そして，メンバーの意見を吟味し，考えたことを返すことです。それぞれの考えに基づく深い交流が，課題文のより深い理解をもたらします。

　その際，メンバーの意見と対立することを恐れてはいけません。自分の意見とメンバーの意見が違うのは当然です。違っているから話し合いが必要となり，話し合いが始まります。メンバーの意見との違いを解決するための真摯な話し合いが，課題文の深い理解をもたらします（安永・清水，1988）。対立がなければ理解は深まりません。仲間と異なる意見を出すことは，自分のみならず，仲間の学びを深める，極めて大切な行為であることを，メンバー全員で共有しておくことが，効果的な話し合いを行う鉄則です。

　次章ではLTDをより効果的に行うポイントについて説明します。

第 2 部　LTD の実践を支える理論と工夫

第4章
LTDを支える実践上の工夫

　これまでの第一部ではLTD話し合い学習法の基本的な考え方（1章）と，LTDの基盤となる過程プランについて紹介しました。また，LTD過程プランに基づく予習（2章）とミーティング（3章）の手順も説明しました。LTDを実践するために必要最低限の内容はお伝えしましたので，これで，一応，LTDを実践することはできます。

　ただし，LTDに期待される本来の効果を確かなものにするには，さらに留意すべき点があります。本章では協同学習の観点から，LTDミーティングの効果を高めるために配慮すべき点について説明します。

　取り上げる留意点をスライド4-1にまとめています。最初に，学び合いの環境づくりについて述べます。そこではグループの編成，ミーティングの場づくり，アイスブレーキングの方法について述べます。その後，グループのメンバーが最低限知っておくべき話し合いの基本原理と展開方法，話し合いの基本スキルと発言パターンについて説明します。いずれも，これまでの実践経験のなかでその有効性が確かめられている内容です。

　本章の説明は便宜的に大学での授業を想定しています。そのために大学授業に特有な問題にもふれますが，その背後にある考え方は小学校・中学校・高等学校，さらには専門学校での実践にも共通しており，いずれの学校においても参考になります。むろん授業以外でLTDを使った勉強会などを予定している皆さんにとっても参考になります。LTD過程プランのstep 5とstep 6の関連づけを思い出して，本章の内容と自分自身の活動場面とを積極的に関連づけながら読み進めてください。

1．グループ編成の考え方

　LTDミーティングは仲間との学び合いの場です。それだけに，どんな仲間と一緒に学び合うのか，グループの編成が問題となります。そのなかでも最初に気になるのがグループの人数です。

（1）グループの人数

　大学生を中心としたこれまでの実践経験から判断して，LTDミーティングでは4人ないしは5人グループが適しています（3章，p. 38）。6人以上のグ

> **LTD実施上の留意点**
>
> - 学び合いの環境づくり
>   - グループ編成の考え方と方法
>   - 仲間づくり（アイスブレーキング）
>   - 協同学習の基本技法
>
> - 学び合いの方法
>   - 話し合いの基本原理、展開方法
>   - 話し合いの基本スキル
>   - 発言パターン

スライド 4-1　LTD 実施上の留意点

ループになると，どうしても社会的な手抜き（釘原，2013）が起こりやすくなります。また，過程プランの各ステップには時間制限があり，短いステップでは3分間です。このように限られた時間内で6人全員の発言時間を確保するのはかなり難しくなります。一方，3人以下だとグループで交換できる情報量が少なくなります。また，3人以下では60分間のミーティングは負担が大きくなります。

　もちろん4人ないしは5人というグループの大きさは一つの目安です。課題文の内容，メンバーの基礎学力や対人関係能力，コミュニケーション能力，さらにはLTDの習熟度などにより，グループの最適人数は変わります。諸条件を考慮してグループの人数は柔軟に変えてください。LTDに熟達した者同士であれば，より少ない人数でも期待した成果を得ることができます。

（2）異質グループ

　グループ編成で次に気になるのがメンバーの特性です。どんな特性をもったメンバーでグループを編成すればいいのか，その規準が問題となります。

　結論からいえば，異質なグループ編成をお勧めします。性別や年齢，所属や専門，学力や特性，さらにはグループで検討する問題に対する意見の違いなどを手がかりに，できるだけ異質な仲間でグループを編成します。

　異質グループでLTDを実践するメリットとして，認知と態度の両面において，少なくとも次の効果が期待できます。

　認知面では，異質な仲間と交流することで，視野が拡大し，課題文の理解が深まります。例えばLTD過程プランのstep 5とstep 6での話し合いを思い出してください。そこでは課題文で学んだ内容を既に獲得している知識，さらには自分自身や自分に直接関わる人間関係や所属集団と関連づけました。その際，異質なグループでは，同質のグループより幅広い関連づけに出会えます。異質なグループでは，課題文の捉え方も選択する関連づけの対象も，そして両者を

```
┌─────────────────────────────────────────────┐
│      仲間づくり：グループ編成の考え方          │
│                                             │
│   □ 異質グループ： 多様性  の重視            │
│      □ 方法：性別，年齢，成績，特性，興味関心・・・│
│      □ 効果：多様な「個」の受容（異質性の許容）  │
│         →  視野の拡大・理解の深化            │
│         →  他者理解    「いじめ」阻止         │
│                       特別支援教育の可能性    │
│                                             │
│   ❖ 習熟度別指導の弊害　（≠ 少人数教育）      │
│                                             │
└─────────────────────────────────────────────┘
```

スライド 4-2　グループ編成の考え方

関連づける視点も，メンバーごとに大きく異なる可能性が高まります。その分だけ，同じ課題文を多様な視点から吟味ができ，新たな視点の獲得にもつながりやすく，理解が深まります。

　態度面で特に強調したいメリットは他者に対する偏見の低下です。LTDミーティングでは多様な意見が，批判されることなく受容されます。メンバーが自由に，異なる視点から意見を出し合い，対話を深めると，異質な他者を理解するきっかけとなります。このようなミーティングを繰り返すと異なる背景や特性をもつ他者に対する偏見が低下します。

　面白いことに，仲間の異質性が明確になると，逆に同質性が際立ってきます。一人ひとりの異質性を認めることにより，その多様な異質性を越えたところに，人としてすべての人が分かちもつ同質性についての認識が育ちます。この同質性の認識により，異質な他者との表面的な違いに縛られることなく，異質な他者と本質的な部分でつながっているという実感がわいてきます。

　異質なグループでの活動を通して，異質性と同質性についての認識が深まることにより，一人ひとりの個としての存在と，人と人とのつながりである集団の存在，そして集団内で展開する人間関係の在り方について，メンバー同士，深い認識を共有できます。この延長線上に，いじめ阻止の手立てや，人権教育や特別支援教育の可能性も見えてきます。

　このように，認知と態度の両面に望ましい効果をもたらす異質なグループ編成の利点をメンバー同士で共有できれば，個としての存在を認め合える，より望ましい学習グループの育成につながります。LTDミーティングに限らず，日々の授業のなかでも，多様な特性や意見や背景をもつ仲間と交流する機会を増やすことをお勧めします。

（3）　習熟度別指導の弊害

　異質なグループ編成に言及すると，必ずといってよいほど問われるのが「習

熟度別指導」についてです。習熟度別指導とは学習成績を手がかりに同質のグループを編成し，グループごとの学力に合わせたきめ細かな指導を行うことをめざした学習指導法です。この習熟度別指導については，多くの皆さんが期待しているほどの学習効果はなく，対人関係も含めて弊害の方が大きいというのがこれまでの研究知見で明らかになっています。

　日本の教育界には，学力が等質な仲間を集めた方が効率的な指導ができ，学習成績にもよい影響を与えるという根強い主張があります。そのような主張があることは認めますが，それを支持する根拠がよく分かりません。LTD でいえば，step 3 の主張はよく聞こえてきますが，それを支持する step 4 の根拠が曖昧です。明確な根拠を示さず，その正当性を主張することは論理的思考に反します。少なくとも科学的根拠に基づいた教育を標榜している者が取るべき態度とはいえません。

　習熟度別指導に関しては，協同学習の観点から，既に詳細な検討がなされています。その研究知見は習熟度別指導の有効性を支持していません。習熟度別指導についての詳しい議論がアイルソンとハラム（2006）や，佐藤（2004），杉江（2011）によって展開されています。関心のある方はぜひ一度これらの議論を検討してください。

　少なくとも大学生を対象とした LTD の実践経験から判断すれば，いわゆる学力も含め，多種多様な特性をもつメンバーが集まった異質集団でのミーティングの方が，等質集団よりも効果的であるといえます。その理由は前述の通りです。

　また，大学の授業で LTD を使う場合，習熟度でグルーピングを行うと成績の高い学生グループの学習は促進されやすいのですが，成績の低い学生グループの学習を保証することは大変な努力が必要になります。クラス全体の学習を活性化するためには異質集団が有効であると判断しています。

2．グループの編成方法

　異質なグループの有効性が理解できたところで，具体的なグループ編成の方法を考えます。異質性を高めるグループ編成の方法は多様です。仲間の多様性を活かしたグループづくりの方法はジェイコブズ・パワー・イン（2006）やバークレイ・クロス・メジャー（2009）に詳しい解説があります。参考にしてください。ここでは筆者がよく使っている方法を紹介します。

（1）グループ編成の基準

　異質な学生を集める基準はいろいろあります。例えば，性別や年齢，出身，学部や専攻などは容易に区別できます。他の基準が使えない場合は，これらを基準にして異質なグループを作ってください。

　学校現場では学習成績がグループ編成の基準になることが多いと思います。成績を基準とするときは科目別の成績を手がかりにするのが一般的です。また，

> **グループ編成の規準例**
>
> □ 人口統計学的基準
>   □ 性別，年齢，出身，所属，専門
>
> □ 学習成績
>   □ 科目別の成績
>   □ 科目に関連する質問に対する反応・意見
>
> □ 心理特性
>   □ ディスカッション＝スキルとイメージ
>   □ ディスカッション不安
>   □ 不確定志向性と思考動機

スライド 4-3　グループ編成の規準例

グループ活動で取り上げる課題内容に対する意見の異同を手がかりに異質なグループを編成することもできます。

　心理的な特性を利用することもできます。巻末資料で紹介しているディスカッションに関するイメージ尺度（付録8-1）やスキル尺度（付録8-2），コミュニケーション不安尺度（付録8-3），さらには思考動機尺度（付録8-4）などを用いて異質なグループを編成することもできます。これらの尺度を単独で使うことも，組み合わせて使うこともできます。

　例えば，ディスカッション不安尺度と思考動機尺度を使って4タイプに分けることができます。つまり，①考えることは好きだけど人前で話すのが苦手な学生，②人前で話すことには抵抗がないが考えることはあまり好きではない学生，③考えることも話すことも得意な学生，さらには④考えることも話すことも得意でない学生を区別することができます。この4タイプの学生ではLTDミーティングに対する参加態度や発言量が異なります。この差異を考慮したグループ編成ができます。各尺度が測定している特性を十分に理解し，目的に沿って使い分けてください。

　少し専門的になりますが，先の見通しが立たない曖昧模糊とした場面で活動性が高くなる人と，逆にそのような場面で活動性が低くなる人がいます。前者は不確定志向の人，後者は確定志向の人と呼ばれています。この志向性の違いは，グループ学習に大きな影響を与えることが知られています（ソレンティノ・ロニー，2003：安永，2005/2011）。この例からも，一般的には気づくことはできない特性もグループ学習に大きな影響をおよぼしていることが分かります。

（2）成績によるグルーピング例

　成績を手がかりとして異質なグループを構成する例を紹介します。
　いま受講生が30名の授業を考えましょう。1グループ5人のミーティ

を計画したとすると，六つのグループを作ることになります。そこでまず，受講者30名を成績順に並べます。そして，先頭から順番に1・2・3・4・5・6とグループ番号を割り振ります。次に，同じグループ番号を割り振られた5人でグループを作ります。こうするとグループ内の成績のバラツキは，すべてのグループでほぼ同じになります。

しかしこの方法では，1番が集まったグループと6番が集まったグループでは，集団全体として見た場合，成績差が大きくなってしまいます。それを嫌う場合は，受講生30名を成績順に並べ，成績の良い方からと成績が悪い方から，それぞれ2名ないしは3名を一緒にして5人グループを作るという方法もあります。それ以外の方法も考えられます。

いずれにしろ，成績を手がかりとして一度グルーピングした後，性別や学部学科など，その他の要因がグループ間で極端に違っている場合は，その偏りを修正します。特に性別はグループ活動に大きな影響を与えます。女性ばかりのグループや男性ばかりのグループがあればグループ間でほぼ成績の同じ仲間を入れ替えて，性別の偏りを無くします。

（3） 誕生日によるグループ編成

実践：グループづくり

- 目的：異質な5人グループをつくる
- 手順
  ① 指示に従って行動する
  ② 荷物をまとめる
    - 荷物はいまの席に置く
  ③ 男女別・生年月日順に並ぶ
    - 1月1日が先頭，12月31日が最後
  ④ 先頭からグルーピング
    - 男2女3 or 男3女2

スライド4-4　グループづくり

受講生について事前の情報がまったくない場合，初回の授業でグループ編成をすることになります。その際，誕生日によるグループ編成が便利です。ここでは5人グループを作ることを例に説明します。

まず，スライド4-4を受講生に示し，どのようなグループを，どのような手順で編成するのかを説明します。さらにスライド4-5を示し，最終的なグループの形をメンバー全員で共有します。ここまでの説明を終えた後，自分たちがどう動けばいいか理解できたかを確認します。確認ができた後，指示を出し，実際の活動に入ります。

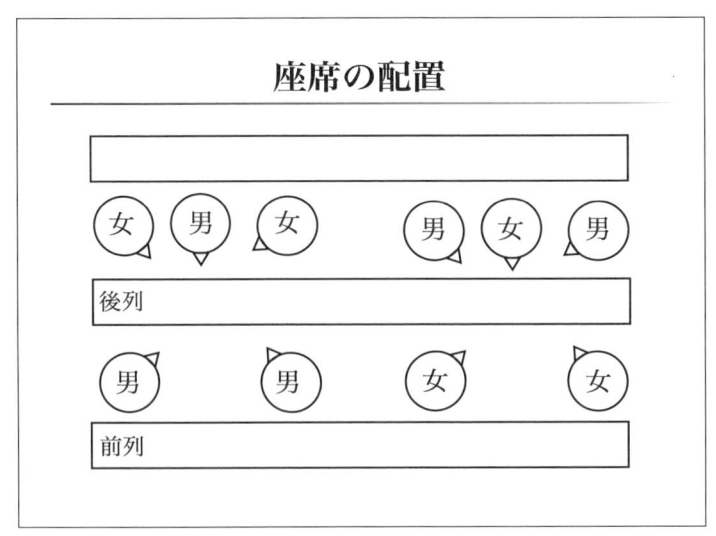

スライド4-5　座席の配置

　グループを動かす場合，このようにグループで解決する課題と解決にいたる手順を明示し，全員が理解できた後，具体的な活動をおこすという順序が大切です。活動に参加しているメンバー一人ひとりに活動の見通しをもたせることが，グループ活動をスムーズに展開する秘訣です。

　スライド4-4の指示に従って，男女別，誕生日順に学生が並んだら，男女それぞれの先頭から順に「男性2人と女性3人」または「男性3人と女性2人」を指名し，座る場所を指定します。男女の人数が異なると，異性が1人のグループや同性ばかりのグループができます。自分だけが異性だと抵抗を覚える学生も少なからずいます。その場合，学生の意向も確かめ，必要であれば男女数を微調整することもあります。

　この方法を用いると，100人の受講生がいるクラスでも，20分程度で異質性

の高い 20 グループを作ることができます。

3．仲間づくり

　学生をグループに分けて座らせただけでは話し合いはできません。ましてや異質性の高いグループを作ると，それまでに交流の少なかった学生同士でグループを組む可能性が高くなります。それだけに，学生たちは少なからず緊張しています。どこか居心地の悪さを感じています。そこで，親密度を高め，仲間意識を育て，LTD ミーティングの基礎づくりが必要となります。その手段としてさまざまなアイスブレーキングの技法が開発されています。ここではディスカッションの基本スキルである傾聴とミラーリングを組み込んだ自己紹介を紹介します。

（1）自己紹介による仲間づくり

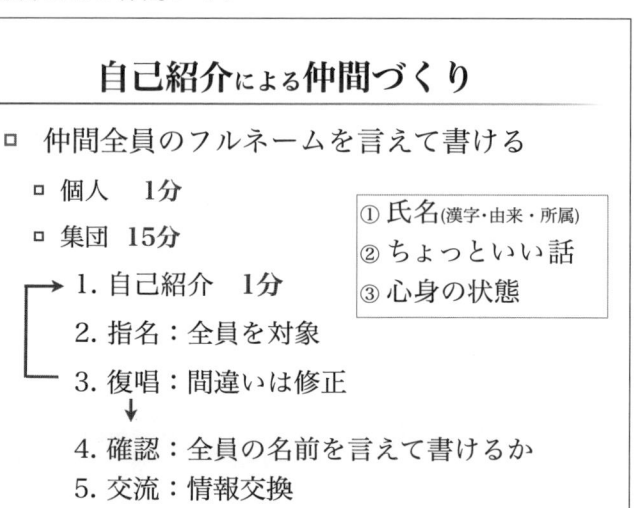

```
自己紹介による仲間づくり
□ 仲間全員のフルネームを言えて書ける
  □ 個人　1分
  □ 集団　15分             ① 氏名(漢字・由来・所属)
    1. 自己紹介　1分         ② ちょっといい話
    2. 指名：全員を対象       ③ 心身の状態
    3. 復唱：間違いは修正
    4. 確認：全員の名前を言えて書けるか
    5. 交流：情報交換
```

スライド 4-6　自己紹介による仲間づくり

　スライド 4-6 を見てください。自己紹介の目的と手順を示しています。このスライドは実際の授業や研修会などでよく使っています。このスライドを示しながら以下の点について説明をします。

　①**目　　的**　自己紹介の目的は仲間全員の氏名をフルネームで正しく言えて，書けることです。仲間の名前を覚えることはグループ活動の基本です。

　②**方　　法**　いま，グループのメンバーを A・B・C・D・E の 5 人とします。名前を覚えるのが目的ですので名札をつけていれば外します。メモを取ることも禁止です。

　自己紹介の内容も指定します。スライド 4-6 では「氏名」と「ちょっといい話」と「心身の状態」について紹介することを求めています。名前は「姓」だけでなく「名」も伝えてください。その際，名前の漢字や由来など，自分の名

前にいろいろな情報を付け加えると，覚えてもらえやすくなります。所属や専門なども情報となります。LTDのstep 5で学んだ「知識の関連づけ」の効果をここでも利用します。

　③**手　　順**　　自己紹介の具体的な手順は次の通りです。

ⅰ．自己紹介を始める前に，指定された自己紹介の内容（3項目）を一人で考えます。時間は1分です。

ⅱ．自己紹介は全体で15分間です。まず，最初のメンバーが自己紹介をします。誰から始めても構いません。いまメンバーAが最初に自己紹介するとします。時間は1分です。1分間で「氏名」と「ちょっといい話」と「心身の状態」を話します。その間，他の仲間はしっかり聴きます。Aが話している途中で発言してはいけません。ここは対話ではありません。

ⅲ．Aの自己紹介が終わったら，Aが仲間の一人を指名します。誰でも構いません。いまDが指名されたとします。

ⅳ．指名されたDはAの自己紹介をできるだけ正確に復唱します。Aは，Dの復唱が正しいかチェックし，誤りがあれば指摘します。Dはその指摘に従って言い直します。

ⅴ．DがAの自己紹介を正しく復唱できたら，今度はDが自己紹介します。時間は同じく1分間です。

ⅵ．自己紹介が終わったら，Dは誰か一人を指名します。指名されたメンバーはDの自己紹介を復唱します。このとき，既に自己紹介が終わっているAを指名することもできます。いまAを指名したとします。Aによる復唱が終わったら，まだ自己紹介をしていない人が次に自己紹介をします。例えば，Aから時計回りで，まだ自己紹介していない人が次に自己紹介するというルールを決めておくこともできます。同様の手続きで，すべてのメンバーが自己紹介を終えます。

ⅶ．全員の自己紹介が終わった後，仲間一人ひとりが全員の「姓」と「名」を言えて書けることを確かめます。一人ひとり，順番に全員の姓と名を言ってみることも一つの方法です。

ⅷ．集団活動は15分程度を予定しています。時間が余ったら，何でも構いませんので，仲間と情報交換をしてください。特に，名前を言えなかった仲間とは，しっかり話し合ってください。話し合うことで，その人に関する情報が数多く得られます。それらの情報と名前が関連づき，名前が覚えやすくなります。

　上記ⅶで，メンバーの名前を言えるか確認しました。そのとき，全員の名前を間違えずに言えると期せずして拍手が起こり，歓声があがることがあります。いい雰囲気になります。

　逆に，上手く言えないこともあります。仲間の名前を正しく言えなかったら，気まずさを感じ「申し訳ない」という気持ちがわいてきます。名前を正しく言

ってもらえなかったメンバーは残念に思いますし，寂しさを感じると思います。名前を言えなかったことを単にわびるだけでなく，そのときの気持ちを十分に味わってください。そうすれば二度と同じ気持ちにはなりたくないと思うはずです。名前を覚えることはグループ活動の基本であり，大きな意味があります。

（2） 時間管理の方法

この自己紹介は，手順の説明も含めて，全体で25分もあれば十分にできます。ただし，クラス全体の雰囲気と個々のグループにおける会話の盛り上がり方を手がかりに，自己紹介の時間を延長することもあります。こちらが準備した自己紹介によって緊張感が少し取れると，仲間のことをさらに知りたいと思うようです。コミュニケーションの基本的な動機づけは「不確定性」の低減にあるといわれています（Berger & Calabrese, 1975）。まさに，相手についてもっと知りたいという動機が強く働いて，会話が盛り上がることがあります。そんなときには3分程度，時間を延長しています。

話し合いの時間を厳守することは大切です。しかし，その時間制約の目的と意味，さらには自己紹介を行う目的と意味を理解していれば，柔軟な時間管理ができます。時間を柔軟に管理することは大切ですが，時間を延長したことは，話し合いが終わったときに，学生に伝えてください。時間延長の意図をしっかり伝えていないと，時間制限があっても厳密に守る必要はないという，時間管理について間違ったメッセージを学生に送ることになります。

（3） 仲間間の連絡網

自己紹介などのアイスブレーキングを通して，グループの雰囲気が和み，グループの仲間としての自覚がでてきたら，メンバー同士の交流を促進する意味も含めて，連絡網を作ることを勧めます。必要に応じていつでも連絡が取れる状態にあることが望ましいので，メーリングリストや電話番号のリストを作成するといいでしょう。最近はソーシャルメディアも活用できます。

4．自己紹介の創意工夫

上記の自己紹介は短時間でできるうえに大きな効果があります。異質なグループ編成の結果，いままで交流の少ない人の隣に座ることになり，何となく居心地の悪さを感じます。しかし自己紹介を終えると，その気持ちが解消しています。お互いの名前をフルネームで言えるようになったのが大きな原因です。この自己紹介は，間違いなく，新しい友だちができるきっかけになります。

（1） 創意工夫のポイント

もう一度，スライド4-6に示した自己紹介の手順を見てください。これまで皆さんが慣れ親しんできた自己紹介とは異なるところがあります。実は，この自己紹介は協同学習の考え方や技法を手がかりに手順を工夫しています。

```
課題明示   自己紹介による仲間づくり (工夫)

□ 仲間全員のフルネームを言えて書ける
  □ 個人　1分　　個人思考
  □ 集団　15分　　集団思考
                        関連づけ
    1. 自己紹介　1分    ① 氏名(漢字・由来・所属)
    2. 指名：全員を対象  ② ちょっと良い話
    3. 復唱：間違いは修正 ③ 心身の状態
                        傾聴         配慮
                        ミラーリング
    4. 確認：全員の名前を言えて書けるか
    5. 交流：情報交換
```

スライド 4-7　自己紹介による仲間づくり（工夫）

スライド4-7をご覧ください。自己紹介の手順を考える際に考慮したポイントを示しています。少なくとも次の七つのポイントが含まれています。

①課題明示　グループ活動を始める際、事前に、その目的と手順を明示します。口頭による指示だけではなく、スライドや板書やプリントなど視覚による指示が効果的です。聴覚に障害がある学生や留学生に対する配慮にもなります。

②関連づけ　LTDにとって極めて大切な学習テクニックです。step 5およびstep 6での活動そのものです。上記、名前の紹介方法でもふれました。

③配　　慮　ミーティング用過程プランのstep 1「雰囲気づくり」にも同じ活動が含まれています。これから一緒に学び合う仲間の心身の状態を知っておくと、状態を考慮した適切なサポートができます。

④個人思考と⑤集団思考　協同学習の基本は、個人思考の後に集団思考を行うことです。LTDでも予習をした後にミーティングを行いました。一人で考えて自分の意見をもつと、メンバーとの交流が上手くいきます。自己紹介で話す内容を事前に準備すれば、1分間という短時間でも指定された三つの項目を含めた自己紹介を簡潔に行うことができます。

⑥傾聴と⑦ミラーリング　話し合いスキルの基本が、この傾聴とミラーリングです。両者は基本中の基本です。次項で詳しく紹介します。

　学生に何らかの活動を求めた後、必ずその活動を導入した意図や期待される効果、つまり、その活動の意味と価値について説明することを心がけてください。活動の意図や効果、意味や価値を理解できれば、その活動を次に行う場合、学生はより主体的に関与できます。
　先に紹介した自己紹介を例に取れば、就職活動と関連づけた説明もできます。就職活動の面接では、必ず自己紹介が求められます。自分らしさを伝えられる自己紹介を準備しておくことが必要になります。その練習をどこでやるか。む

ろん，就職セミナーなどで学ぶこともできますが，授業での自己紹介も訓練の場として活用できることに気づかせます。授業のなかで，グループを再編するたびに，同様の自己紹介をくり返し体験するなかで，自己紹介が上達していきます。

（2） 傾聴とミラーリング

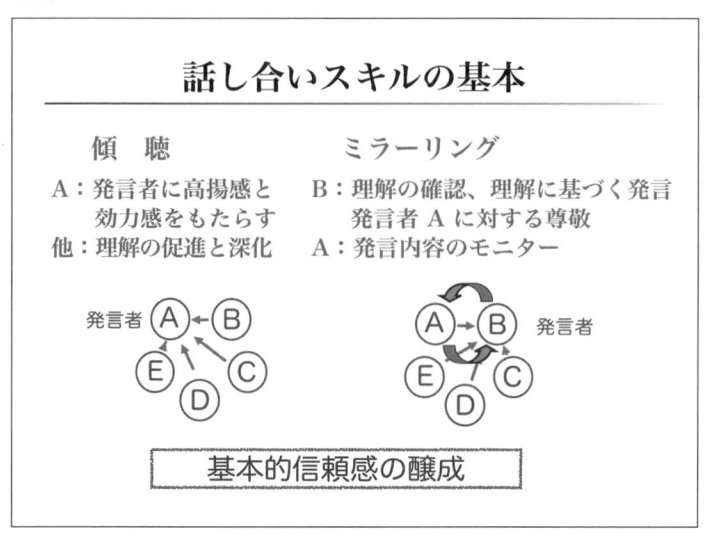

話し合いスキルの基本

傾　聴
A：発言者に高揚感と効力感をもたらす
他：理解の促進と深化

ミラーリング
B：理解の確認、理解に基づく発言
　　発言者 A に対する尊敬
A：発言内容のモニター

発言者 A ← B　　　A → B 発言者
　　　　E ↑ ↑ C　　　E　　C
　　　　　D　　　　　　　D

基本的信頼感の醸成

スライド 4-8　傾聴とミラーリング

　協同学習の考え方と技法を用いた上記の自己紹介は手軽にできますが，強力なアイスブレーキングの効果があります。短時間でメンバー同士の心理的距離を驚くほど近づけます。この自己紹介を実践した授業の後「今日の自己紹介で新しい友達ができました」という嬉しい報告を受けたことが幾度となくあります。このような効果をもたらす工夫のうち，ここでは話し合いの基本スキルである傾聴とミラーリングについて説明します。

　①**傾　聴**　話し合いの基本は傾聴です。スライド 4-8 を見てください。いま 5 人グループで話し合いをしています。発言しているのは A です。残りの 4 人のメンバーが，体を A に向け，A の目を見ながら，食い入るように A の話を聞いています。一言も聞き漏らさないという態度で集中して聞きます。これが傾聴の姿です。

　メンバー全員から傾聴してもらっている A の気持ちは容易に想像できます。自分の話を真剣に聞いてもらえると気持ちが高ぶります。高揚感を感じます。気分が良くなり，もっと話したくなります。

　それだけではありません。傾聴によって A は自己効力感を高めます。自己効力感とは環境をコントロールできるという感覚が基盤にあります。環境のなかで最もコントロールが難しいのが「人」です。それぞれが自分の信念や意図をもっています。それだけに「人」をコントロールするのは難しい課題です。逆に言えば，その「人」を上手くコントロールできたという体験は自己効力感を

高めます。自分が話せば仲間が聞いてくれる。「話せば聞いてくれる」という体験を繰り返し経験していれば，話すことに対する自己効力感が高まります。この自己効力感は内発的動機づけの素になるといわれています（Bandura, 1997）。

むろん，しっかり傾聴することにより，傾聴している側の理解も深まります。傾聴は，その気になれば誰にでもできる行為です。その傾聴に上記の効果があることを知ると，学生は積極的に傾聴するようになります。

②ミラーリング　Aの発言を受け，次にBが発言するとします。その際，Bがすぐに自分の意見を述べるのではなく，Aの発言内容を復唱するのがミラーリングです。例えば，「Aさんはいま『○○○○○という理由で，この案に賛成』と言いましたね。でも，わたしは反対です」というBの発言のなかの『　』の部分は，Aの発言内容を復唱しています。これがミラーリングです。鏡（ミラー）に映すように，相手の発言内容を復唱して相手に返すという意味があります。文字通り復唱することもありますし，発言内容を要約して返すこともあります。

ミラーリングによってAは自分の発言内容をモニターすることができます。Aが意図した内容をBが復唱すれば，自分が伝えたかった内容が正しく伝わっていることをAは確認できます。もし正しく伝わっていなければ，この時点で修正することができます。誤解に基づくBの発言を未然に防ぐことができます。

また，発言内容を正しく復唱してくれると，BはAの発言内容を正しく理解したうえで発言していることが，Aも含めてグループのメンバー全員に伝わります。そのうえで，BがAの意見に反対したとしても，Aは素直にその理由に耳を傾けることができます。自分の話を真剣に聴き，正しく理解したうえでの反対です。きっと反対するだけの理由があるはずです。Aはそのように考え，ぜひBの意見を聞きたいという気持ちになれます。

ところが，傾聴もそこそこに，ミラーリングを行わずに，Aの発言が終わるやいなや，Bが「私は反対です」と述べれば，Aの気持ちはどうでしょうか。傾聴していなかったBが本当に自分の発言内容を理解しているのかと，Aは疑うかもしれません。感情的な反発を感じることもあるでしょう。そのような状態ではBの意見を真摯な気持ちで傾聴し，受容して，そのうえで対話を続けようとする気持ちにはなりにくいものです。

ミラーリングを意図的に使って子どもの意見を引き出すこともできます。小学校低学年の指導などにおいて，自分の考えを上手く述べられない子どもがいます。意見を求めても結論しか述べなかったり，断片的な言葉を発して黙ってしまったりする子どもがいます。そんなとき，子どもの発した結論をミラーリングすると，その根拠を話してくれることがあります。断片的な言葉をミラーリングすると，ひとまとまりのしっかりした文章で話すことができるようになることもあります。

実際，わたしたちは日常生活のなかで無意識のうちにミラーリングを使っていることに気づきます。例えば，相手の発言が理解できないときなど「ちょっ

と待ってください。いま『……』といいましたよね」と返しています。これがミラーリングです。

傾聴とミラーリングは，その気になれば，いつでもどこでも，そして誰にでもできる簡単なスキルです。しかし，その効果はてきめんです。LTDのグループのなかでも，意図的に傾聴とミラーリングを繰り返すと，仲間の間に基本的な信頼関係が醸し出され，お互いを尊敬できるようになります。LTDミーティングのなかでも常に意識して使ってください。

5．協同学習の基本技法

LTDでは，学習手順が構造化されて，各ステップで「やるべきこと」と「やってはいけないこと」が明確になっています。つまり，ステップごとに目的と方法と留意点が明示されています。しかし，たとえ各ステップの課題が明示されたとしても，それだけでは各ステップで効果的な話し合いはできません。各ステップの課題をグループで解決するためには，それなりのスキルが必要になります。

（1）ラウンド＝ロビン

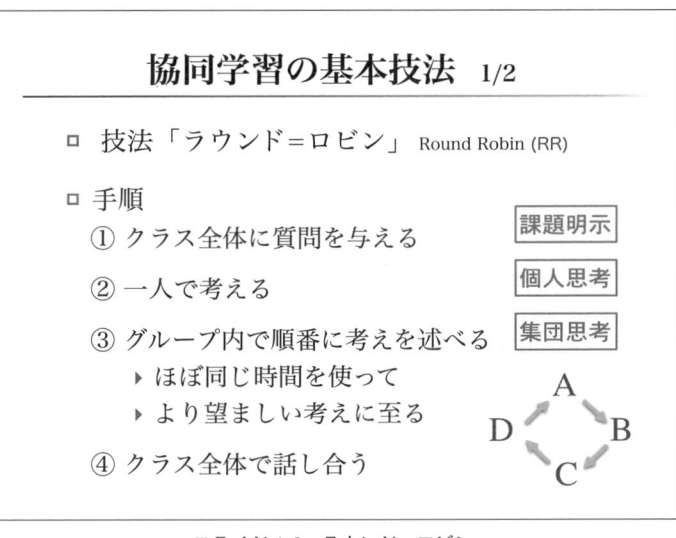

```
          協同学習の基本技法  1/2

  ▫ 技法「ラウンド＝ロビン」 Round Robin (RR)

  ▫ 手順
    ① クラス全体に質問を与える         [課題明示]
    ② 一人で考える                     [個人思考]
    ③ グループ内で順番に考えを述べる   [集団思考]
        ▸ ほぼ同じ時間を使って
        ▸ より望ましい考えに至る          A
                                       D   B
    ④ クラス全体で話し合う                C
```

スライド4-9　ラウンド＝ロビン

LTDのミーティングで活用できるのがラウンド＝ロビンです。これは協同学習のなかで基本的で簡単な話し合いの技法です。それだけに活用範囲が広く，大きな効果を期待できます。ラウンド＝ロビンの手順をスライド4-9に示しています。手順は次の通りです。

　ⅰ．課題明示：教師が伝えたい内容を話した後，内容を理解させるために適切な質問（課題）をクラス全体に与える。

　ⅱ．個人思考：学生は一人で考え，質問に対する自分なりの回答を準備する。

```
┌─────────────────────────────────────┐
│          確認タイム                  │
│  ─────────                          │
│   ▫ 傾聴とミラーリングを理解する       │
│                                     │
│     ▫ 個人  1 分                    │
│         ① 自分の言葉で表現する        │
│                                     │
│     ▫ 集団  5 分  グループ            │
│         ① 一人ずつ自分の理解を紹介する │
│         ② 話し合って理解を深める      │
│                                     │
│     ▫ 全体対話                       │
│                                     │
└─────────────────────────────────────┘

            スライド 4-10　確認タイム
```

　ⅲ．集団思考：グループ内で順番にほぼ同じ時間を使って一人ひとり自分の回答を述べる。そのうえで話し合ってより望ましい回答を創り上げる。

　ラウンド＝ロビンの手順に含まれているこの三つの要素，すなわち課題明示・個人思考・集団思考は，すべての技法に共通するものであり，協同学習の基本といえます。

　このラウンド＝ロビンを LTD の各ステップで積極的に活用することにより，LTD の話し合いがより効果的になります。すなわち LTD における「課題明示」は，課題文の理解であり，その手段として過程プランが事前に示されています。LTD における「個人思考」が予習で，「集団思考」がミーティングです。過程プランの各ステップにおいて 4 人ないし 5 人の仲間が限られた時間内に発言し，各ステップで求められている目的を達成しなければなりません。そのときにラウンド＝ロビンが求めている「ほぼ同じ時間を使って一人ひとり自分の考えを述べる」という基本姿勢が大切になります。5 章で述べるケーガンの「活動の平等性」も参考にしてください。

　このラウンド＝ロビンは何か新しいアイディアをだすときに使う「ブレインストーミング」に最適です。少人数のグループを作り，まず一人でアイディアを考え，次にグループで，一人ずつ順番に，一つのアイディアをだしていきます。この方法を用いると短時間に多くのアイディアを得ることができます。

　簡単な技法なだけに，ラウンド＝ロビンはいろいろな授業のなかで手軽に使えます。例えば，講義型の授業でも，授業内容の区切りごとに，学生の理解度を確かめるために導入することもできます。スライド 4-10 を見てください。これは，先に紹介した傾聴とミラーリングを説明した後で使っているスライドです。スライド 4-9 と比較してみれば分かるように，スライド 4-10 にはラウンド＝ロビンの手順が組み込まれています。このスライド自体が課題明示となっており，個人思考と集団思考を行い，最後に，クラス全体で話し合うことで，

傾聴とミラーリングの理解が深まります。

その他にも，学生が授業に集中できていないとき，簡単な質問をだし，学生同士の意見交換を求めることで，場の雰囲気を変えることもできます。活動性の高い授業づくりに挑戦しようと思ったとき，この技法を最初に試すことをお勧めします。実際のところ，協同学習やラウンド＝ロビンという言葉を知らなくても，授業場面でこの種の技法を実践されている方は数多くいます。皆さんにとって実は身近な技法といえます。

（2） ラウンド＝ロビンにおける役割分担

```
役割分担 （ラウンド=ロビン）

□ 4人G
    ■ 司会 ：全員に発言させる
    ■ 時計 ：時間を意識する
    ■ 発表 ：意見を発表する
    ■ 記録 ：発表中はキーワードを使う　傾聴
            結果をホワイトボードなどに書く
□ 3人G ：「司会・時計」を兼任
□ 5人G ：「もりあげ」役
         傾聴，うなずき，質問など積極的関与
```

スライド 4-11　役割分担

一般の授業でラウンド＝ロビンを使う際，メンバーに役割を与えることは有効です。4人グループの場合，スライド 4-11 に示した「司会・時間・発表・記録」の役割を分担させることができます。3人グループの場合は「司会」と「時計」の役割を兼ねさせます。5人グループの場合は「盛り上げ」役を設けることもできます（須藤，2012）。実情に合った役割と役割の分担を決めてください。

ただし，役割を固定するのではなく，一定のサイクルで役割をローテーションすることが大切です。授業では，必要に応じていずれの役割も取れるように訓練することも大きな目的となります。

（3） シンク＝ペア＝シェア

いま紹介したラウンド＝ロビンは3人以上のグループで集団思考を行いましたが，ペアで集団思考をやることもできます。ペアで行う場合，特別にシンク＝ペア＝シェアと呼んでいます（スライド 4-12）。両者は参加人数の違いだけです。それ以外は，ラウンド＝ロビンと同じです。

シンク＝ペア＝シェアは隣同士の学生をペアにするだけで使えます。特別な

> # 協同学習の基本技法 2/2
>
> □ 技法「シンク＝ペア＝シェア」
>   Think Pair Share (TPS)
> □ 手順
>   ① クラス全体に質問を与える　　［課題明示］
>   ② 一人で考える　　　　　　　　［個人思考］
>   ③ ペア内で順番に考えを述べる　［集団思考］
>   ▶ ほぼ同じ時間を使って
>   ④ クラス全体で話し合う　　A ⇄ B

スライド 4-12　シンク＝ペア＝シェア

グループづくりも必要なく，ラウンド＝ロビンよりも，さらに使いやすい技法といえます。

6. 話し合いを活性化する質問ステム

　グループづくりが終わり，お互いが学び合える環境ができたとしても，話し合いが上手く展開できないことがあります。どのように発言したらいいのか。どのように質問すればいいのか。どのように仲間の注意を引けばいいのか。これらのスキルを獲得していなければ，話し合いはスムーズにいきません。

　話し合い活動に必要なスキルが身についていなければ，教えなければなりません。基本的なスキルは身についているが，これまでに使うチャンスがなく，思うように使えなければ，使える環境を整え，使うことを促します。そして使

> # Kingの質問ステム
>
> □ .....の理由を教えてください。
> □ どのように.....するのか教えてください。
> □ .....は.....にどのように影響しますか。
> □ .....はなぜ大切ですか。
> □ .....と.....はどこが似ていますか。
> □ .....と.....はどこが違いますか。
> □ .....について説明してください。
> □ .....はどんな意味ですか。
> □ .....について例を挙げてください。
> □ もし.....だと，どうなると思いますか。
> □ なぜ.....よりも.....がいいのですか。

スライド 4-13　質問ステム

えたら褒めます。これが基本です。このような支援を，教師が意図的に続けることにより，学生は基本的スキルを短期間で獲得できます。

　学習を目的とした小グループの話し合い過程を分析したキング（King, A.）は，学習を促進する話し合いに一定のパターン（型）があることを見いだしています。そのパターンを彼女はステム（stem）と呼んでいます。

　キングのステムを説明するために質問ステムを例にあげましょう。スライド4-13を見てください。これが質問ステムの例です（King, 1993）。話し合いのときにメンバーがこのカードを手元におき，必要に応じて，参照しながら話し合います。質問ステムが適切に使われると，話し合いによる学習効果が促進されます。Kingは一連の実証研究でこれら質問ステムの効果を確認しています。

7．理解を促進する発言

　LTDを提唱したヒル博士は小グループでの話し合いでみられる発言を検討し，以下に示す四つの発言カテゴリーに区別しています。LTDの目的である学習課題の理解を促進する発言と，理解を促進しない発言を知っておくことは効果的なミーティングを実現するために役立ちます。

（1）思索的発言と主張的発言

　思索的発言と主張的発言は両者とも理解を促進する発言です。

　思索的発言とは，付録2-1の課題文で紹介された「考える学習」を促す発言です。疑問を感じたときに発する「どうして」「なぜ」という問いも思索的な発言となります。

　思索的な発言に答えるために，問われた仲間は著者の主張や根拠，自分の考えや発言内容を吟味し直し，問いを発した相手に分かりやすい説明を準備しなければなりません。そして実際に説明を試みて，相手の納得が得られなければ，話し合いを手がかりにさらなる検討が必要となります。この作業が課題文の理解を深め，仲間全員が一緒に考えているという雰囲気を作ります。「大学での学び方」を例に取れば，以下のような発言が考えられます。

・良く理解できないのだけど，どうしてそうなるの。教えて。
・自分の言葉で言い換えると，なぜ考えることになるの。
・覚える学習と考える学習の違いは。
・覚える学習も必要だといっているけど，どんなとき。
・どんなとき記憶中心の学習が良くないの。

　これらはいずれも質問形式になっています。話し合いに有効な質問とは相手に考えさせる質問です。「はい・いいえ」の答えを求める質問は相手に考えさせていません。記憶内容を思い出させているだけに過ぎません。このような「はい・いいえ」を求める質問をいくらやっても学習は深まりません。

　上記の思索的発言に対して答えるとき，発言は主張的になりがちです。課題文を論理的，分析的に検討し，著者の主張を理解できたと感じているとき，特

にそうなりがちです。主張的な発言は個人的な考えなので，話し合いのなかで修正されることもあります。お互いの主張的な発言の比較検討を通して学習課題の理解は深まります。発言にズレや葛藤がある場合，それらを話し合いで解決する過程で，大きな学びが生じます（安永・清水，1988）。

（2） 独断的発言・慣習的発言

独断的発言と慣習的発言は，両者とも学習課題の理解を深めない発言です。独断的発言は自分の信念を主張するだけで，それに対する他者の意見にまったく耳を傾けない発言です。自分の考えや信念を確かめるという気持ちが薄く，思いこみの発言になってしまいます。したがって，具体的な資料を提示して論理的に反論しても独断的発言を修正させることは，往々にして難しいものがあります。感情的な反発を引き起こすこともあるので注意が必要です。

慣習的発言は課題文の理解とは直接関係ない話題に関する発言です。話がわき道にそれて，まったく関係のない話題をもちだす人がいます。これらの発言をすべてまとめて慣習的な発言と呼んでいます。メンバー一人ひとりが，グループ活動の目的を意識し，目的に沿った話し合いを心がけることが大切になります。

8．話し合いの展開方法

話し合いを展開するためには，その時々において取るべき行為があります。ここでは以下に示す三つについて説明します。

①開　　始　　誰かが口火を切らなければ話し合いは始まりません。他人に任せるのではなく，自分から積極的に言葉を発してください。

LTDミーティングでは，一般的にステップの移行段階で沈黙が起こりやすいものです。そのときにはステップで話し合う内容を簡単に確認すると話しやすくなるようです。例えば「次は step 3 ね。著者の主張を自分の言葉で 2・3 行にまとめる，ということですが，だれか」と，切り出します。仲間からの発言を待つのではなく，自分から切り出すという意識をもってください

一番やっかいなことはステップの途中で沈黙が起こることです。沈黙の意味を味わうことも大切ですが，誰かが話し出さなければなりません。それは，他の誰でもなく自分自身から話し出すという姿勢が必要です。話すことがなければ「みんな黙ってしまったね」と状態を述べるだけでも，メンバーの発言を誘発することになります。

②対　　話　　各ステップでは予習ノートを手がかりに必要な情報を紹介します。ただし，予習ノートの棒読みは極力避け，自分の言葉で語ってください。

ここで大切なことは，メンバーが発言したら，その発言に反応することです。例えば，相手の発言内容を傾聴し，ミラーリングする，質問をして発言内容を確認する，発言内容に対して感想や意見を述べる。いずれも発言に対する反応です。メンバーの発言に反応しながら，話し合いを進めます。沈黙によって発

言がブツブツと断ち切られるのではなく，リズム良く流れることが大切です。

　メンバーが交互に発言しているが，相互作用が起こらず，話し合いが深まらないというミーティングを見かけることがあります。それは，自分の発言ばかりに気をとられ，仲間の発言を聞いていないことが原因であることが多いようです。これでは話し合いになりません。予習ノートの棒読みが続くと，同じ現象が現れます。

　③明確化・統合・まとめ　メンバー全員が積極的に話すと，対話が活性化され，多くの情報が得られます。これ自体は大変望ましいことですが，時には混乱することがあります。そのようなとき話し合いの内容を明確化し，統合することが必要になります。

　LTD の過程プランではステップごとに話し合いの時間が限られています。短時間の話し合いで共通理解に達しないこともあります。そのような場合，どこまで合意でき，どの点が合意できていないのか，話し合いの現状を明確にして，そのステップを終わり，次のステップに移るという姿勢が大切です（3章, p.46）。

9．話し合いを展開する全体的な役割

　話し合いを展開するために，参加メンバー全体に求められる役割があります。その主な項目を以下に紹介します。

（1）モニタリングとファシリテーション

　LTD ミーティングでは参加しているメンバー全員がリーダーであり，フォロワーであると説明しました（3章, p.41）。ここで大切なことは役割を固定しないということです。必要に応じて，誰もがリーダーとなり，フォロワーとなる，ということです。

　そのためには，グループの状態や流れを正しく把握するモニタリング能力が必要となります。いまグループで何が起き，どんな状態にあり，どのように対処すべきかを正しく捉える力です。

　例えば，沈黙が起こったとき，なぜ沈黙が生じたのか，その沈黙は意味のある沈黙なのか，それとも早急に解消すべき沈黙なのかを判断し，自分にできる，その場に適切な行為を進んで実行するという態度が求められます。一人ひとりが真剣に考えているから生じた沈黙であれば，何も心配いりません。メンバーが同じ気持ちで考えているのであれば，さほど時間がかからず，誰かが発言します。逆に，メンバーが消極的になり，口ごもり，無駄に時間を過ごしていることがあります。そんなときには，一人ひとりが積極的に発言することが必要です。

　また，メンバー全員が話し合いに上手く参加できているか否かをモニターすることも大切です。一人でも参加できないメンバーがいたら，他のメンバーと協力して，話し合いに参加できる状況を作り出すことが求められます。他のメ

ンバーの参加を促す行為をファシリテーションと呼びます。

　逆に，話しすぎる人や話が飛ぶ人，発言内容が揺らぐ人など，さまざまな反応を示すメンバーがいますが，これらの反応もモニターし，適切に働きかけることが必要になります。具体的には，モニターした内容を端的に指摘することから始めてください。「ちょっと長くなりましたね」「話が飛んでしまいましたね」「先ほどの話とずれているようですが」などと指摘されると，多くの場合，本人はすぐに理解してくれ，反応を修正してくれます。それでも理解が得られない場合は，その件について，全員で話し合い，解決策を考えてください。

（2）タイムモニタリング

　LTD ミーティングはステップごとに一定の時間が割り当てられており，この時間を守ることも大きな意味があります。時間管理の方法は3章（p.40）で述べました。

　そこでも指摘したように，時間管理は時間係だけの役割ではなくメンバー全員に共通した役割です。時間係以外のメンバーも時間を意識してください。「そろそろ時間かな？」という問いかけがあってしかるべきです。

（3）評価と診断

　LTD ミーティングでは，各ステップでの話し合いの途中で仲間の行動をチェックし，必要であればミーティングの最終ステップ（step 8）で取り上げます（3章，p.54）。

　この評価は，グループのメンバー全員で行うべきであり，そのための準備として，話し合いが進行している最中に静かに評価の役割を果たしておく必要があります。ミーティング中に step 8 で話し合う話題を探しておきます。

10. 話し合いの基本原理

　先に，LTD ミーティングの基本を説明しましたが（3章，p.37），話し合い一般に共通する基本的な原理（中島，1997）をメンバーが理解して共有しておくことは LTD ミーティングにとっても有効です。

　スライド 4-14 を見てください。どんな話し合いでも①仲間は対等であり，②仲間に対する先入観を捨てることが大切です。例えば，大学での研究会を考えてください。そこに先生や先輩がいたとしても，研究についてのディスカッションの最中は知識量や立場に関係なく誰もが対等に取り扱われるべきです。メンバー全員が対等の立場で意見を交換することにより，新しい知識が創造されます。ただし，オンとオフの切り替えはしっかりお願いします。研究会が終われば，先生は先生です。先輩は先輩です。一般社会では先輩後輩のけじめは尊重されます。

　話し合いの基本的ツールは言葉です。言葉というツールに力をもたせるためには，自分が発した言葉に責任をもつことが何よりも大切です。「好き」とい

「話し合い」の基本原理

① 参加者はすべて対等である
② 仲間に対する先入観を捨てる
③ 語られる言葉そのものを問題にする
④ 実感や体験に基づいて対話する
⑤ 質問や発言を禁じてはならない
⑥ 意見の対立やズレを積極的に見つけ展開する
⑦ 自他の意見が同じか違うかという二分法を避ける
⑧ 常識にとらわれず常に新しい了解へと向かう
⑨ 自他の意見が変わる可能性を認める

スライド4-14　話し合いの基本原理

えば好き，「嫌い」といえば嫌い，この一貫性が必要です。したがって，③話し合いでは語られる言葉そのものを問題にすることが大切になります。日本の腹芸は通じません。また，④自分の実感や体験に基づいて話すことも必要になります。実感や体験に基づかない発言には説得力がありません。

　⑤質問や発言を禁じてはならない，ということは皆さん了解していると思います。しかし，実際の話し合い場面では「くだらない質問や発言は控えるべきである」という空気が強く，無言のうちに質問や発言が抑制されているケースがあることも知っておくべきです。

　LTDミーティングのstep 3で説明したように（3章，p.45），⑥意見の対立やズレを積極的に見つけて展開することが大切です。話し合いを展開するという意味では⑦自他の意見を二分法的に分けることは止めるべきです。そして，⑧常識的に見て妥当な答えが得られたとしても，そこで話し合いを終わらせず，その常識的な答えを疑い，より合理的な答えを求めて話し合うことが重要です。

　最後に，真剣に話し合っていればメンバーの意見が変わることは当然です。意見を変えるために話し合っているといっても過言ではありません。⑨自他の意見が変わる可能性を認めるべきです。むろん，自分の意見が変わったのであれば，そのことを仲間に伝え，できる範囲でその理由を明らかにすることがエチケットです。

11. まとめ

　小グループでの話し合い。一見単純に見える活動ですが，詳細に検討すればするほど，複雑な活動であることが分かります。その小グループでの話し合いを活性化し，LTDに期待される本来の成果を得るために，本章ではミーティングにおいて留意すべき点をまとめました。複雑な活動であるだけに，その内容は多岐にわたりました。ここで再度ふれることはしませんが，これらの留意

点を意識したうえでLTDミーティングを実行すれば，大きな成果が期待できます。

　次章では，これらの留意点も含め，望ましいグループによる学び合いとはどのようなものであるかについて，協同学習の考え方を手がかりに検討します。

第5章
LTD の実践を支える教育理論

　何ごとも「形」だけをまねても，そこに「心」が伴わなければ，早晩，破綻します。LTD も同じです。これまでに紹介した LTD の過程プランに基づく予習（2章）やミーティング（3章）の方法，効果的なミーティングを実現するための工夫（4章）を理解していれば LTD を実践することはできます。しかし，LTD 本来の効果を得ようとするのであれば，LTD を単なる学習法として捉えるのではなく，その背後にある考え方や理論を理解する必要があります。

　本章では LTD に限らず，教育場面で小グループを導入する際に留意すべき「心」について，協同学習の観点から説明します。LTD は仲間とのミーティングを重視する「話し合い学習法」です。仲間と共に学び合うことの意味と価値をメンバーが共有できていれば，大きな成果が期待できます。

1. 協同学習の定義

理論：**協同学習の定義と特徴**

- 定義：Smith(1996)
  - 小グループの教育的使用
  - 生徒が自分の学びと仲間の学びを最大にするために共に学び合う学習法

- 特徴：Barkley, et al. (2005)
  - 意図的な計画　　（構造）
  - 公平な取り組み　（貢献）
  - 意味ある学習　　（目的）

スライド 5-1　協同学習の定義と特徴

　協同学習の最も簡単な定義は「小グループの教育的使用であり，学生が自分の学びと仲間の学びを最大にするために共に学び合う学習法（Smith, 1996）」です。この定義は協同学習の複雑な技法である LTD にもあてはまります。

　　　　ここでいう「小グループ」とは多くても5人のグループを指します。6人以上になると，一般的に効果が減退します。LTDでは4・5人グループを基本としています。
　　「小グループの教育的使用」だけに注目すれば，これまでの授業でもグループはしばしば使われてきました。班活動やグループ学習と呼ばれてきたものです。
　　しかし，協同学習は単なる「小グループの教育的使用」ではありません。「自分の学びと仲間の学びを最大にするために共に学び合う学習法」という条件がついています。協同学習は，仲間と協力し合って，メンバー一人ひとりが学習課題を理解し，学習を深めることを最終的な目的としています。小グループの教育的使用と聞くと，メンバーとの人間関係を上手くやることが中心的な課題と思われがちですが，協同学習は人間関係の改善が一義的な目的ではありません。むろん，メンバーの理解を追い求める協同学習を続けることにより，良好な人間関係を築くこともできます（1章，p.5；7章，p.124，p.129）。

2．協同学習の特徴

　　バークレイら（2009）は，単なるグループ学習との違いを際立たせる，協同学習の特徴として「意図的な計画」「公平な取り組み」「意味ある学習」の3点をあげています。

（1）　意図的な計画

　授業の目的を達成するために最も効果的なグループ活動を意図的に仕組み，計画的に実践するのが協同学習の特徴です。
　協同学習では多くの技法が開発されています。それらの技法のうち代表的な30の技法をバークレイらは五つのカテゴリーに分けて紹介しています。それぞれのカテゴリーには簡単な技法と複雑な技法が含まれています。これらの技法のなかから，そのときどきの授業目的に応じて最も適切な技法を選択して使います。むろん，授業に参加する学生の特性や授業内容などを考慮し，学習効果が最大になるように，必要であれば技法をアレンジして使います。授業にグループ活動を導入する目的と方法を吟味し，計画することが，協同学習に求められている「意図的な計画」です。
　授業の流れのなかで，予定外にグループ活動を導入することもあります。必ずしも「意図的な計画」に基づいたグループ活動の活用とはいえません。ただし，後で説明が求められたとき，その導入意図を明確に答えることができれば「意図的な計画」という協同学習の特徴は担保されているといえます。

（2）　公平な取り組み

　自分と仲間の学びを最大にするために，一人ひとりが自分にできる貢献をすることが「公平な取り組み」の基本になります。いわゆる「社会的手抜き」と

は相反する行為です。

　より形式的な側面を手がかりに説明すれば，メンバー全員が同じ回数だけ，または同じ時間だけ発言することが公平な取り組みです。協同学習には公平な取り組みを意図的に仕組んだ技法が数多くあります（例えば，ラウンド＝ロビン，シンク＝ペア＝シェア，トークンチップス[1]など）。

（3）　意味ある学習

　協同学習の目的は学習課題を理解することです。学習課題を理解することがメンバー一人ひとりの目的であり，同時にグループ全体の目的になります。その目的を達成するために，教師はグループ活動を意図的に計画し，学生は公平に取り組みます。そうして学習目的を達成できれば，グループ活動は「意味ある学習」と呼べます。

　ところが，学習目的の達成とは結びつかないグループ活動があります。教師が意図的に計画し，学生が公平に参加していても，学習目的と無関係な話題で盛りあがることも考えられます。そのようなグループ活動は協同学習とは呼べません。

　LTD は，バークレイらが示す協同学習の三つの特徴をすべて兼ね揃えています。まず，過程プランの存在自体が，小グループの「意図的な計画」を保証しています。

　LTD では，過程プランに沿って予習とミーティングをします。メンバー全員が予習をすることが LTD の前提です。ここに「公平な取り組み」を保証する一端があります。もう一つは，ミーティングにおいて全員が，課題文を理解するために，自分にできる貢献をしっかりやることが求められています。これも公平な取り組みを意図した LTD の条件です。

　そして LTD 過程プランに沿ったミーティングは課題文のより深い理解に向けた工夫がなされています。step 4 までは著者の主張を受容します。step 5 と step 6 では著者の主張を手がかりに関連づけをします。step 7 で初めて課題文の評価が許されます。これらはすべて意味ある学習を実現する工夫です。ミーティングにおける時間配分も，意味ある学習を実現する大きな原動力となっています。

　逆に「意図的な計画」である過程プランを守らず，「公平な取り組み」が行われず，「意味ある学習」が求められなければ，そのようなミーティングは，形は似ていても LTD とはいえません。

3．協同学習とグループ学習の違い

　LTD を成功させるためには，小グループによる効果的な学習活動が前提となります。LTD 過程プランで述べたように，LTD ミーティングでは 3 分・6 分・12 分・15 分といった時間内で 4 人ないしは 5 人もの仲間が平等に参加し，

[1] 小グループを使った話し合い技法の一つ。参加者は同じ数のチップ（擬似コイン）をもっており，発言するたびにチップをテーブルの上にだします。全員が同じ回数発言できるように，手持ちのチップがなくなると発言できなくなるという決まりがあり，この決まりにより発言の公平さが担保されます。

グループ学習との差異

協同学習

グループ学習

教育における
小グループの活用

ともに心と力をあわせて
仲間と自分のために学ぶ
⇧
協同の精神
構成主義
⇩
仲間と交流して，ともに
新しいものを創り上げる

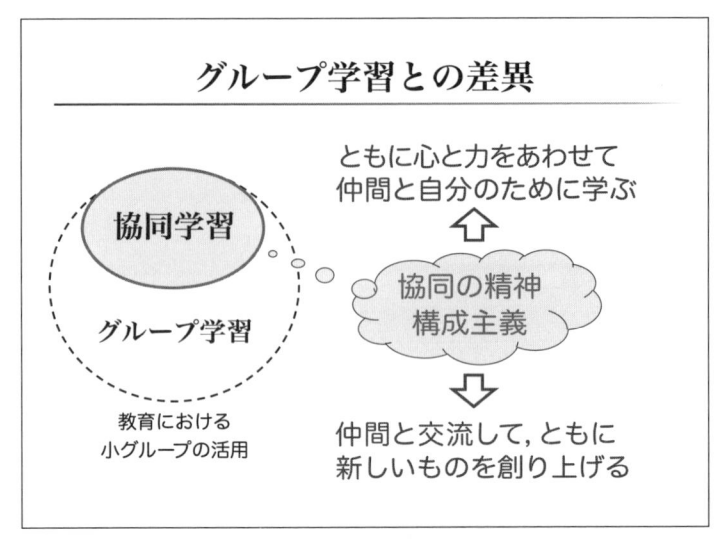

スライド 5-2　グループ学習との差異

話し合う必要があります。過程プランの各ステップでは課題文の理解を深めるために仕組まれた目的と方法を実践する必要があります。したがって，LTDのミーティングは，これまで多くの皆さんが経験したグループ活動とは異なり，協同によるグループ学習，すなわち協同学習と同じ性質をもっています。次に，従来の単なるグループ学習と協同学習の違いを説明します。

スライド 5-2 を見てください。教育場面における小グループの使用という意味では，従来のグループ学習と協同学習は同じです。ただし，協同学習には上記で示した定義や特徴で解説したように，従来のグループ学習とは根本的な違いがあります。その違いとして，ここでは「協同の精神」と「構成主義」の 2 点に言及しておきます。

第一の違いが協同の精神の有無です。協同学習は協同の精神を前提としています。一方，単なるグループ学習は協同の精神を前提としていません。協同とは「ともに心と力をあわせ，助けあって仕事をすること」（広辞苑）です。協同の精神とは，協同の意味を理解し，その価値を認め，具体的な行為として協同を示すことを良しとする心構えといえます。「自分だけ良ければ」という考えに反対し，「仲間のためにも，自分のためにも，懸命に努力し，みんなで一緒に目的を達成する」ことを良しとする考え方であり，行動規範といえます。したがって，考えを理解しているだけでは不十分で，具体的な行為が伴う必要があります。

第二の違いが構成主義です。協同学習は「仲間と交流して，ともに新しいものを創り上げる」という構成主義の考え方を大切にします。構成主義に立てば，知識は一方的に教師から学生へ伝えられるものではなく，学生が主体的に作り出すものと考えます。協同学習は一人で勉強することに留まらず，一人で学んだ内容をメンバーと交流することを通して，より深く理解します。その交流の過程において，メンバーそれぞれの理解が吟味され，修正されます。これらの活発な活動を通して，お互いがそれまで気づいていなかった新しい考えや理解

に達します。この過程こそが知識を構成する過程であり，協同学習が期待している教育効果の源といえます。

4．協同に基づく教授学習観

```
教育パラダイム

□ パラダイムとは
    □ 一時代の支配的な物の見方のこと
    □ 特に，科学上の問題を取り扱う前提となるべき，
      時代に共通の思考の枠組（広辞苑）

□ 教育パラダイムとは
    □ 教育に関する一時代に支配的な見方
    □ 教育観・教授学習観
```

スライド5-3　教育パラダイム

　前項で指摘したように，協同学習は協同の精神に基づき，メンバーが積極的に交流することを通して新しい知識を作りだす構成主義的な活動です。この点に関して協同学習の第一人者であるジョンソン兄弟（ジョンソン・ジョンソン・スミス，2001）は，スライド5-3に示した教育パラダイムの観点から，協同中心の教育観（スライド5-4）と競争中心の教育観（スライド5-5）とを区別しています。

　なお，パラダイムとはその時代に一般的なものの見方のことであり，ある問題を取り扱う前提となるものです。したがって教育パラダイムとは，その時代の教育に関する一般的な考え方であり，教育観といえます。

（1）　知識観・学生観・授業目的

　競争中心の教育パラダイムでは，客観的な知識体系が存在し，それを学生に伝えることが授業であると考えます。この考えに従えば，教師がもっている「正しい」知識を学生に分け与えることが授業となり，教師の一方向的な教え込みも，非難されることはありません。また，学生は教師が伝える知識を，そのまま受け取る容器にたとえられます。優秀な学生とは，効率よく多くの知識を憶えられ，問われれば誰よりも早く正確に答えられる学生です。したがって授業の目的も知識の獲得が中心となり，獲得した知識量で学生を分類することになりがちです。

　一方，協同中心の教育パラダイムでは，知識は人と人との対話を通して作ら

```
┌─────────────────────────────────────┐
│      協同中心の教育パラダイム       │
│  ─────────────          ─────────── │
│                                     │
│  ① 知識観　：知識は対話を通して創り上げるもの │
│                                     │
│  ② 学生観　：学生は知識を構成する主体 │
│                                     │
│  ③ 授業目的：学生の能力開発         │
│                                     │
│  ④ 人間関係：クラス全体の人間的な関係 │
│                                     │
│  ⑤ 学習環境：協同を促す支持的環境   │
│                                     │
│  ⑥ 授業の前提：教えることは複雑であり │
│　　　　　　　　相当な訓練を要する   │
└─────────────────────────────────────┘
```

スライド 5-4　教育パラダイム　協同

```
┌─────────────────────────────────────┐
│      競争中心の教育パラダイム       │
│  ─────────────          ─────────── │
│                                     │
│  ① 知識観　：知識は教師が学生に伝えるもの │
│                                     │
│  ② 学生観　：知識を受け取る器       │
│                                     │
│  ③ 授業目的：学生の分類・選別       │
│                                     │
│  ④ 人間関係：非人間的な関係         │
│                                     │
│  ⑤ 学習環境：競争や個別を促す環境   │
│                                     │
│  ⑥ 授業の前提：専門知識があれば教えられる │
└─────────────────────────────────────┘
```

スライド 5-5　教育パラダイム　競争

れると考えます。その結果，既存の知識も対話を通して変化するものである，と考えます。この考えに立てば，知識を獲得するためには，他者との対話が前提となります。必然的に，学生は受け身的な存在ではありえず，仲間や教師との積極的な対話を通して，知識を創り出す能動的な存在であることが求められます。学生には無限の可能性があるという信念にも通じ，その無限の可能性を引き出すことが授業の目的となります。

（2）人間関係・学習環境

知識観と学生観，そこから導かれる授業目的の違いは，そのまま教室内の人間関係と学習環境に影響します。他者との対話を通して知識が構成されると考える協同中心の教育パラダイムでは，その実現に不可欠な支持的で協力的な学

習環境と，教師も含めた豊かな人間関係が求められます。

　一方，教師から与えられた知識を憶えることを授業目的とする競争中心の教育パラダイムにおいては，良き人間関係は考慮の対象にはなりません。時には学びの阻害要因とさえ考えられることもあります。人間関係を断ち切る教室環境の整備や授業中の指示も，無自覚に行われています。例えば，高校までの教室でよく見かける格子状に並べられた机の列は，教師が意図しているか否かに関わらず，学生同士の関係性を断ち切り，互いを競わせる仕掛けとなっています。「できた人から」という指示がしばしば使われますが，これも意図せず競争をあおることになります。

　これまでは疑いもしなかった，ごく当然として受け入れてきた学習環境や指示，そこで繰り広げられる人間関係に敏感になり，協同の観点から再度検討し直すことが，協同による授業づくりにおいて重要な留意点となります。

（3）授業の前提

　教える技能に関しても，協同中心と競争中心の教育パラダイムでは異なった考え方にたちます。

　競争中心の教育パラダイムでは，授業内容について専門知識をもっている教師は教授法に関する訓練を受けなくても教えられる，という認識があります。これは，専門性の高い授業を担当している教師が陥りやすい認識です。また，一方向的な教え込みでも理解できる学生たちを相手にしている間は，この考え方は正しいようにも思えます。

　しかし，多様な学力と特性をもった学生を相手にした場合，必ずしも正しくないことが容易に分かります。教師がいくら熱弁をふるっても，学生の理解は思うように進みません。理解できていると教師が思っていても，試験結果に愕然とすることもあります。そのようなとき有効な教授法の必要性を強く感じます。

　協同中心の教育パラダイムでは，理論と研究で得られた知見を現場の状況に合わせて効率よく伝える複雑なプロセスとして教育活動を捉えます。それだけに，教授法について継続的な訓練が必要と考えます。協同を理解している教師は，漫然と特定の教授法を使うのではなく，教授法を意図的に選択し，実践しています。また，学生の反応を敏感に捉え，教え方の改善に余念がありません。

5．協同学習の基本要素

（1）ジョンソンの五要素

　LTDの効果を十分に引き出すためには，協同学習に求められる五つの基本要素（ジョンソンら，2001：関田・安永，2005）をメンバー全員が十分に理解し，実行する必要があります。

　協同学習の世界的な権威であるジョンソン兄弟は，協同学習の基本要素として五つの項目をあげています。この五つの基本要素が満たされている，もしく

協同学習の基本要素

ジョンソン兄弟の5要素

① 肯定的相互依存　☞　互恵的な協力関係がある

② 促進的相互交流　☞　対面して活発に交流する

③ 個人の二つの責任　☞　個人の責任が明確である

④ 集団スキルの促進　☞　集団スキルを教え育てる

⑤ 活動の評価　☞　活動のふり返りがある

スライド5-6　ジョンソンの5要素

は満たされつつある小グループによる学習活動は，協同学習と呼ぶに相応しい学習場面といえます。逆に，これらの項目のいくつかが満たされていないグループ活動は協同学習とはいえません。

①肯定的相互依存　肯定的相互依存とは互いに自律した仲間同士が，グループの学習目的を達成するために，協同の精神に基づき，それぞれがもつ力を出し合って，協力することを指します。話し合い場面に限っていえば，一人ひとりが自分の考えをもって話し合いに参加し，仲間との積極的な意見交換を通して，ともに理解を深めるという態度と，それを実行する具体的な行為が認められるとき，肯定的な相互依存関係があると判断できます。

肯定的相互依存関係のあるグループでは，個人の成功がグループの成功となり，グループの成功が個人の成功になります。浮沈をともにするという言葉がありますが，肯定的相互依存とは，まさにその言葉の意味する通りです。

同じ相互依存でも，足の引っ張り合いという否定的な依存関係も考えられます。よくいわれる「社会的手抜き」は否定的な関係といえます。つまり，相互に依存しているけれども，その依存関係がグループの学習目的の達成を阻害している関係が否定的関係です。

②促進的相互交流　グループのメンバーに肯定的な相互依存関係があっても，メンバー同士が積極的に交流しなければ小グループによる学習効果は得られません。協同学習では，メンバー同士が積極的に交流し，学び合い，教え合うことが期待されています。メンバー全員の理解を深めるために，いま自分にできる貢献を考え，率先して実行します。メンバーの働きかけや努力を認め合い，励まし合います。このような主体的かつ積極的な交流が協同学習では求められます。

③個人の二つの責任　グループのメンバーには，一人ひとりに二つの責任が求められています。一つは自分の学びに対する責任であり，一つはグループのメンバー一人ひとりの学びに対する責任です。自分の学びについて自分に責

任があるという考えに異論はないでしょう．ところが，協同学習ではメンバー一人ひとりの学びやグループ全体の学びに対しても，自分に責任があると考えます．理解できていないメンバーがいれば，自分のサポートが足りなかったからだと考えます．授業中に居眠りをしているメンバーがいれば，声をかけ一緒に学ぶことも，メンバーの学びをサポートすることにつながります．

「個人の二つの責任」には，メンバー全員が変化成長するために，互いが学び合い，教え合い，高め合い，より良い生活をめざすという目的があります．

④集団スキルの促進　協同学習では，グループやペアで仲間と交流しながら学びを深めていきます．しかし，グループやペアで意図的に学び合うという経験が少ない学生も数多くいます．それだけに，学び合いの場で具体的に取るべき行為が分からない学生もいます．そのような学生に対しては，学び合いに必要とされる対人関係の取り方やグループ活動の仕方を，目的的に教え，実行を促す必要があります．そして少しでもできたら褒めて，さらなる実行を促します．

学び合いに必要な態度やスキルを指導することも教師の役割です．時に態度やスキルの指導をためらう教師がいます．しかし，教育には指導も含まれます．この点を教師がまず認識し，学生にも理解を求めるべきです．そして，教えるべきこと，指導すべきことはしっかりと教え，指導するということが当然視される雰囲気をクラス内に創ることが大切になります．

⑤活動の評価　何事も活動の後にはふり返りが必要です．互いが変化成長することをめざした協同学習においてもふり返りは必須です．メンバーのどの行為が役に立ち，どの行為が役に立たなかったか．どの行為を続け，どの行為を変えるべきかをメンバー全員で検討します．

このふり返りは，より良いグループ活動をつくることが目的です．決してグループのメンバーを区別したり，批判したりすることが目的ではありません．この点は学生にしっかり伝える必要があります．また，繰り返されるふり返りを手がかりとしながら，望ましいふり返りと望ましくないふり返りを峻別し，その違いを学生に教える必要があります．具体的なふり返りを明示することで，ふり返りが本来的にもっている目的と，効果的なふり返りの方法を伝えます．

以上，ジョンソン兄弟が協同学習の基本要素としてあげた五つの要素を，実際のLTDミーティングでどのように具体化し，実践するか．これこそがLTDミーティングを成功させるための基本的な検討課題となります．

（2）ケーガンの四要素

次に，協同学習の指導者として世界的に著名なケーガン（Kagan, 1994）の考え方を紹介します．彼は，スライド5-7に示した四つの基本要素（肯定的相互依存・個人の二つの責任・参加の平等性・活動の同時性）が備わっているグループ活動を協同学習と呼んでいます．いずれか一つの要素が欠けても協同学習とは呼びません．かなり厳格な立場を取っています．

```
協同学習の基本要素

  ケーガンの4要素

    ① 肯定的相互依存

    ② 個人の二つの責任

    ③ 参加の平等性

    ④ 活動の同時性

  注意：上記の4要素を満たすときにのみ
       協同学習と呼ぶ
```

スライド 5-7　ケーガンの 4 要素

　最初の二つの要素，すなわち「①肯定的相互依存」と「②個人の二つの責任」はジョンソン兄弟と基本的に同じ考えです。異なる理論家が協同学習にとって欠かせない基本要素として認めているだけに，この二つの基本要素は協同学習にとって特に重要な要素といえます。

　一方，ケーガンが述べている残り二つの要素は，授業に導入したグループ活動が協同学習になっているか否かを判断する際，大変分かりやすい規準として活用できます。それが参加の平等性と活動の同時性です。

　③参加の平等性　　ケーガンのいう参加の平等性とは，学習メンバーが同じ程度，学び合いの活動に参加している状態を指します。一人が1分間話せば，他のメンバーも1分間ずつ話す機会を設けること，一人が一回話せば，他のメンバーも一回話すことが，ここでいう平等です。一人が話し続ける，または聞き続けることは，平等とはいえません。

　4章で紹介した協同学習の基本技法であるラウンド＝ロビン（p.74）とシンク＝ペア＝シェア（p.76）を思い出してください。その集団思考の段階で「ほぼ同じ時間を使って」という但し書きがありました。ここに，ケーガンのいう参加の平等性が表れています。

　④活動の同時性　　もう一つが「活動の同時性」です。授業場面では，目に見える積極的な活動を，できるだけ多くの学生が，同時に行っている状況を作り出すことが重視されます。ここで「目に見える積極的な活動」とは，話し合い場面を例に取れば「話す」という具体的な行為を指します。

　例として，20名のクラスを考えましょう。一人の学生がクラス全員に向かって自分の意見を発言しているとします。この場合，話している学生は一人です。したがって，活動の同時性は一番低い状態になります。一方，同じクラスでペアを作り，ペアの一方に自分の意見を発言するように求めます。20人クラスなので10ペアができます。そうするとクラスの1/2に当たる10人（50％）が同時に話をすることになります。このとき，活動の同時性が最も高

くなります。4人グループにしてラウンド＝ロビンをすれば，同時に1/4の5人の学生（25％）が話をしていることになります。活動の同時性を高めるようにクラスでのグループ活動を仕組むことにより協同学習が成立します。

この点に関連して，グループ活動から得られる情報量の大きさと活動の同時性との関係を考慮する必要があります。活動の同時性の観点からすればペアが一番望ましいことになります。しかし，グループ活動から得られる情報量の大きさからいえば，4人グループがより望ましいといえます。この情報量と同時性のバランスを考え，そのときどきに使い分けることが肝要です。

6．まとめ

最近，大学ではアクティブ＝ラーニングが流行っています。一方的な講義よりも，グループ活動を中心とした，学生参加型の授業の有効性が指摘されています。実際，そのような授業で，学生は講義よりも生き生きとした表情を見せます。しかし，グループ活動を中心としたアクティブ＝ラーニングで，教師が期待する確かな学力が修得できているか，疑問を感じる実践があります。参加している学生に聞くと，講義よりは楽しいが，本当はグループも好きではないという反応が返ってくることもあります。

これは一体どういうことでしょう。本章を読まれた皆さんは，この学生の気持ちを理解できると思います。つまり，従来の単なるグループ学習，つまり，学生を集めてグループを作り，課題を与えれば学べるであろうという発想で行われているグループ活動は，まさに「百害あって一利なし」といえます。そのようなグループ学習は社会的手抜きが横行し，真剣に活動しているメンバーも，手抜きをしているメンバーもグループ嫌いになりがちです。

グループ活動を中心としたアクティブ＝ラーニングに期待される本来の効果を得るためには，本章で紹介した協同学習の考え方が不可欠です。その背景にある協同による教育パラダイムを理解し，授業づくりに活かすことが求められます。アクティブ＝ラーニングの成否は，その方法論にあるのではなく，方法論を支えている考え方，理論にあります。当然，LTDにもあてはまります。

次章では，大学授業へLTDを導入する方法について検討します。

第 3 部　　LTD による授業づくり

第6章
大学授業への LTD 導入法

　本章では，大学の授業を対象に LTD を用いた授業づくりについて検討します。授業に LTD を導入する場合「LTD を教える授業」と「LTD で教える授業」を区別できます。前者は LTD 自体が授業の対象となり，後者は LTD が授業の方法となります。当然ながら「LTD を教える授業」が先で，「LTD で教える授業」が後です。本章では，前章までの解説を前提に，まず「LTD を教える授業」について解説します。その際，授業の構成要素の観点から，「LTD を教える授業」に影響する要因についても言及します。その後「LTD で教える授業」を説明します。そこでは，大学のカリキュラムとの関係から LTD を組み込んだ授業の位置づけについても考えることにします。

1. 授業づくりの基礎

　ここでは「LTD を教える授業」について，授業の構成要素と授業づくりの観点について検討します。これらの内容は，授業一般にも共通する授業づくりの基本的な考え方です。

（1） 授業の構成要素

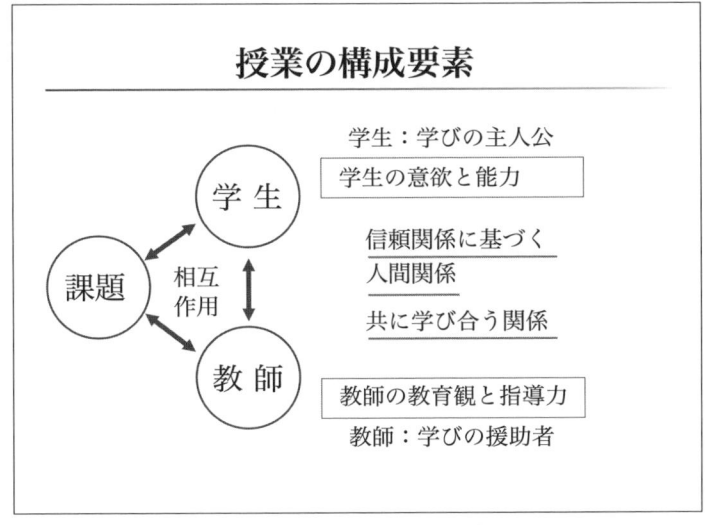

スライド 6-1　授業の構成要素

授業は「教師」と「学生」と「課題」の三つの要素で成り立ちます（スライド6-1）。これら3要素のそれぞれの特性と，3要素間の相互作用により授業の質が決まります。

「LTDを教える授業」では，LTD自体が「課題」になります。LTDは協同学習の考え方と方法を前提としていますので，「LTDを教える授業」では，LTDに直接関連する内容と，LTDの基盤となる協同学習に関連する内容の両方が，授業で伝えるべき「課題」となります。

授業は「学生」によっても変わります。「LTDを教える授業」で留意すべき学生の要因として，学びに対する意欲，対話による問題解決能力，グループ活動に必要とされる人間関係能力，コミュニケーション能力などをあげることができます。これらの観点から担当する学生を捉え，LTDを教える方法を工夫する必要があります。

本章でイメージしている学生は，一言でいえば筆者らが指導している学生です。学力的には幅広い学生が対象となります。その大半は，グループ学習の経験は乏しく，協同学習に基づく指導は受けたことがありません。言い換えれば，基本的な信頼関係に基づく良好な人間関係に支えられた環境で，仲間と一緒に学び合う喜びや楽しさを感じた経験が少ない学生といえます。また，学びに対する動機づけが低い学生も少なからず含まれています。

もちろん，授業は「教師」によっても変わります。教師は授業のディレクター（演出家）であり，アクター（俳優）です（吉崎，2009）。教師の演出方法や教師の立ち居振る舞いにより授業が変わります。教師の演出や振る舞いを規定するのが，教師の「教材観」「学生観」「指導観」です。この3つの観点は授業づくりの基盤となるので，項を改めて説明することにします。

（2） 授業づくりの観点

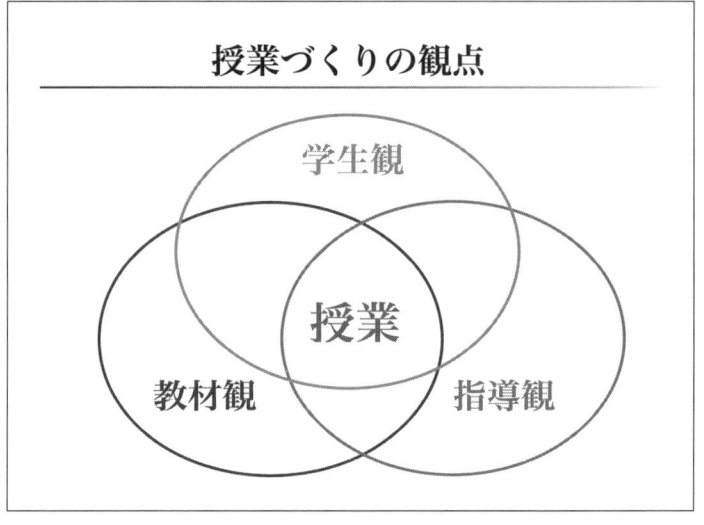

スライド6-2　授業づくりの観点

授業づくりを考える際，教師の「教材観」「指導観」「学生観」の三つの観点を明確に意識する必要があります。教師が意識するか否かにかかわらず，これらの観点によって授業の質が決まります。ここでは「LTD を教える授業」を前提に三つの観点を順に検討します。

　①**教材観**　教師には，授業で教える「課題」，すなわち教材について十分な知識が求められます。教材についての教師の知識量により授業の質が変わります。

　先にも述べたように「LTD を教える授業」では協同学習と LTD が課題となります。本書で解説した LTD とそれを基盤で支える協同学習について，教師がどこまで吟味し，理解できているかが問題となります。協同学習や LTD を知識として知っているだけでは不十分です。LTD 過程プランの背後にある理論的な考え方や，LTD が依拠している「協同」という考え方を，体験的に理解しておく必要があります。

　さらに，授業で教える「課題」について理論的にも実践的にも深く理解したとしても，まだ不十分です。その「課題」を，担当する学生に教授するために考慮すべき点と，効果的に教えるための教授方法の工夫についても検討する必要があります。授業対象者や授業方法も射程におきながら，授業で教える「課題」についての深い検討（教材研究）が求められます。この教材研究が足りなければ，学生の知的欲求や好奇心を満たす授業はできません（鹿内，2013）。

　②**指導観**　教育指導について教師がもつ考え方が指導観です。この点については5章（p.89）で述べた教育パラダイムの内容と直結しています。つまり教師が依拠している教育パラダイムによって指導観が変わり，指導法が変わります。やっかいなことに教育パラダイムは，多くの場合，意識されません。それだけに，自分の教育パラダイムを自覚的にふり返り，自分の指導観を吟味することが求められます。

　LTD を教えるためには，LTD が依拠する協同中心の教育パラダイムを理解しておく必要があります。ここでも単なる知的な理解ではなく，個人の価値観として教師の内面深くに息づいて，初めて協同に基づく指導観が授業で生きてきます。この協同に基づく指導観がない限り，学生に LTD を教えることはできません。

　③**学生観**　学生観も教育パラダイムと直結しています。協同の教育パラダイムに立てば，学生は無限の可能性を秘めた存在として捉えられます。その可能性を前提に，LTD を教えるために考慮すべき学生の状態を的確に把握します。そこには，学習に対する学生の認識や意欲，学生がこれまで体験したグループ学習の内容やグループ学習に対するイメージ，LTD の実践に必要となる言語能力や対人関係能力やコミュニケーション能力などを，一人ひとりの学生について把握する必要があります。加えてクラス全体としての学生同士の関係性や雰囲気なども把握しておく必要があります。

　以上，教師の「教材観」「指導観」「学生観」が相互に関連し合って授業が変化します。授業づくりにあたっては，この三点についての自分自身の立場を確

認することが必要となります。

2．LTD授業のための環境整備

「LTDを教える授業」の環境設定も大切です。ここでは受講者数，教室，学習補助教材について述べます。これらは「LTDで教える授業」にもあてはまります。

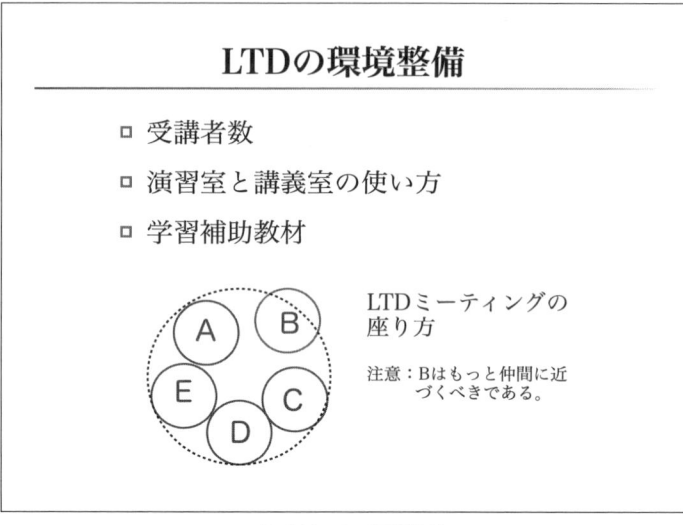

LTDの環境整備

- 受講者数
- 演習室と講義室の使い方
- 学習補助教材

LTDミーティングの座り方

注意：Bはもっと仲間に近づくべきである。

スライド6-3　環境整備

（1）受講者数

教師が一人で担当する場合，1クラスの学生数は30名程度，グループ数にして六つ程度がベストです。教師は各グループの進行をモニターし，必要に応じて直接的・間接的に指導しなければなりません。それだけにグループが増えると教師の負担が大きくなります。きめ細かい指導にとってグループ数は少ない方が望ましいのは当然です。

しかし，工夫により100名を超える多人数クラスでもLTDを実施することは可能です。学生の意欲が高ければ基本的に人数は問題となりません。LTDに対する学生の興味関心を高め，学ぶ意欲を高める方法を考えてください。多人数クラスの場合，できれば，複数の教師で担当したり，TA（teaching assistant）を採用したりすることも考えてください。

（2）演習室の使い方

LTDミーティングを行う場所は，話し合いに集中できる環境であればどこでも構いません。演習室のような机と椅子が動かせる教室が準備できれば理想的です。この場合，スライド6-3のように参加者が車座になって，できるだけ接近して座れるように人数分の椅子を丸く並べます（3章，p.38のイラスト）。

机は使いません。メンバーが机の周りに座って話し合うのが一般的なイメー

ジですが，間に机が入るとそれだけメンバー同士の物理的距離が大きくなります。すると心理的距離も大きく感じられようです。できるだけメンバー同士の物理的距離を小さくするために，机を外します。そして，スライド6-3のように，膝をつき合わせて額を寄せ合って話すことがミーティングを成功させる重要なポイントです。特に仲間がLTD初心者である場合は，この座り方を勧めます。

このような座り方を指導しても，スライド6-3の学生Bのように，他のメンバーの円から外れて座る学生をときどき見かけます。そんなときは円の中心に近づくように指導してください。この小さなズレに，他のメンバー4人の世界にのっていけないBの心が現れていることもあります。そのままにしているとBはグループから脱落することもあります。実際，そのような事例に何度か出会いました。

（3） 講義室の使い方

受講者数が少し増えると演習室は手狭になり，どうしても講義室を使うことになります。そうするとLTDを初めとしたグループ学習はやりづらくなります。しかし，ちょっとした工夫で机や椅子が固定された講義室でも，LTDミーティングは実践できます。

机が固定された一般教室を使用しなければならない場合，スライド4-5（4章，p.67）に示した座り方を勧めています。固定した机の前後6席のスペースを使い，後ろの席に3名，前の席に2名が座ります。前の2名は横向きになり，お互い見合う格好で座ります。こうすると後ろ3人の顔も比較的見やすくなります。階段教室の場合，傾斜がそれほど大きくなければこの方法が使えます。その際，背の高い人が前に座ると後ろの人との目線のズレを小さくできます。

なお，教室内のグループ間の距離はできるだけ大きくなるようにグループの位置を工夫します。同時に，メンバー同士ができるだけ近寄って座り，頭を近づければ，お互いの声が明確に聞こえ，他のグループの声もさほど気にならないようです。

（4） 学習補助教材

「LTDを教える授業」に，あると便利な補助教材を以下に列挙しておきます。

① **LTDの説明資料**　LTDは複雑な学習方略です。学生に理解してもらうためには説明資料が必要となります。説明資料として本書が使えます。必要に応じて本書の内容をまとめた資料を準備するのもよいでしょう。

② **LTD記録紙**　予習状況やミーティングに対する構え，ミーティング中の活動内容，ミーティング後の評価などを把握する目的で付録6-1に示したLTDミーティングの記録紙を利用しています。記録紙には，ミーティングに対する準備状況や構えを捉える事前評価と，ミーティング全体の評価，参加者個人に関する貢献度評価，および意見・感想欄からなる事後評価を含んでいま

す。詳しくは8章（p.138）を見てください。

　③フィードバック用紙　　参加者が個別に記入する記録紙のうち，事後評価での貢献度評価を，メンバー一人ひとりにフィードバックするためにスライド8-4（8章，p.140）に示している名刺大のフィードバック用紙を準備しています。使用法については8章を見てください。

3．LTDを用いた授業1コマの構成

```
授業1コマ（90分）の構成

00分    生徒：ミーティングの準備
 |           記録紙記入，時間係の決定
05分    教師：必要事項の伝達

06分    生徒：ミーティングの実施
 |      教師：机間巡視，観察・記録
65分         対処法（沈黙・誤り）

66分    生徒：記録紙記入
 |      教師：ノートの回収・返却，課題文の配付
90分         話し合いや課題文についてのコメント
```

スライド6-4　授業1コマの構成

　LTDミーティングを90分授業で行う際の，授業の流れをスライド6-4に示しています。授業は60分間のミーティングを中心に三段階に分かれます。各段階での学生と教師の活動は次の通りです。

（1）ミーティング前（0分-5分）

　　a）学生：いつでもミーティングを始められるように，椅子を動かし，課題文や予習ノート，過程プランを準備して待機します。LTDの授業に慣れてくると，授業が始まる前から，先に来たメンバーが自発的に椅子を並べ，他のメンバーが来るのを談笑しながら待つという光景が見られるようになります。授業開始後，学生は配付されたLTD記録紙（付録6-1）を使って事前評価を行います。なお，時間係はこの段階で決めておきます。

　　b）教師：必要に応じてミーティング実施上の留意点や注意事項をクラス全体に手短に伝えます。ミーティングが継続している場合は，前回提出した予習ノートやLTD記録紙の内容に言及することもあります。

（2） ミーティング（6分-65分）

a） 学生：グループごとにミーティングを始めます。

b） 教師：教師は学生のグループ運営能力を信頼し，グループ活動に影響を与えないように机間巡視を行い，各グループの進行状況を観察します。ただし，ミーティングへの直接的な介入は慎むべきです。机間巡視の留意点は，次項「4．LTDミーティング中の指導法」を参考にしてください。

ミーティングの終了時間が近づくと，教師はフィードバック用紙をグループごとに配付します。LTDミーティングを継続している場合は，前回のミーティングで提出を求めた予習ノートや次回のミーティングで用いる課題文も一緒に配付します。なお，ミーティングを中断しないために，参加学生に直接手渡すのではなく近くの机の上に置きます。step 8 が終わった後にグループ内で配付させます。

（3） ミーティング後（66分-90分）

a） 学生：ミーティング終了後，LTD記録紙の事後評価に答え，貢献度評価のフィードバックを行います。具体的な方法は「貢献度評価のフィードバック」（8章，p.140）を見てください。時間は15分程度です。

なお，ミーティングの step 8「ふり返り」と記録紙の事後評価を混同し，step 8 を飛ばして事後評価を行うグループをときどき見かけます。step 8 は集団全体でのミーティングに関する評価であり，LTD記録紙の事後評価は個人による評価です。step 8 を飛ばさないように注意してください。

b） 教師：貢献度評価のフィードバックが終了した後，残された10分程度の授業時間を用いてミーティング中に記録した内容などを手がかりに，ミーティングに関する注意や課題文の内容に関するコメントを行います。時間が短いので，ミーティングを観察しながら適切なコメントを考え，簡潔に話せるように準備することが必要です。

最後に，返却した前回分の予習ノートと次回の課題文を確認させます。そして今回のLTD記録紙と予習ノートを提出させ，授業を終了します。

4．LTDミーティング中の指導法

LTDミーティングを実践中の指導法は「LTDを教える授業」でも「LTDで教える授業」でも同じです。

（1） ミーティングへの関与

机間巡視はとても大切な活動です。机間巡視で教師が取るべき態度は，学生を信頼し，ミーティング運営のすべてを学生に任せ，ミーティングが終わるまで，直接的な関与を避けるのが基本です。

しかし，実際には多くの教師が学生のミーティングに関与しています。教師

```
┌─────────────────────────────────────┐
│         ミーティング中の指導法          │
│                                     │
│   □ ミーティングへの関与  ┐           │
│     □ 安易な関与はやめる  │           │
│                          ├ 教育観の違い │
│   □ 沈黙の対処法          │           │
│     □ 変化を待つ          │   ⇩       │
│                          │           │
│   □ 誤解の対処法          │  協同 vs 競争│
│     □ 気づきを待つ        ┘      個別   │
│                                     │
└─────────────────────────────────────┘
```

スライド6-5　指導法

の安易な関与は，学生の貴重な学習機会を奪うことになります。話し合いが上手くいっていないグループを見つけると，すぐに干渉する教師がいます。それが教師の役割だと信じている教師が少なからずいます。また，話し合いが盛り上がっているグループに近づき，自分の意見を述べる教師もいます。どちらの行為も学生の主体的な学びを阻害します。

　教師は自分の行為がグループ活動や学生におよぼす影響に敏感になる必要があります。例えば，教師が近づくとグループの雰囲気が違ってきます。逆に，教師が遠ざかると，また雰囲気が違ってきます。グループの横で立ち止まり，聞き耳を立てると，さらに大きな変化が生まれます。教師が聞いていることが分かると口ごもる学生がいます。反対に，何かをアピールするかのように発言する学生もいます。教師の存在でグループの雰囲気が変わったり，発言が影響されたりするということは，特に初期のLTDミーティングでよく見られます。この点を教師は意識すべきです。むろん，教師の立ち位置に関わらず，各ステップで行うべき活動をしっかり行うという態度が，学生には求められます。

　また，机間巡視をしている最中にグループから質問を受けることがあります。仲間と真剣に話し合っても，どうしても理解できないときなど，学生が質問してくることがあります。この場合も，教師は質問に答えるべきではありません。いまはグループで話し合うように指示すべきです。必要であれば，ミーティング終了後に取り上げ，クラス全体で問題を共有し，説明を加えます。

　机間巡視中に，LTDミーティングで禁止された行為を発見することがあります。例えば，話し合いに集中できていない，テキストを読んでいる，ノートを作成しているなどの行為が目に余ることがあります。それらの行為を止めさせたい場合，筆者（安永）はキーワード風に板書して注意を促しています。例えば「傾聴」「テキストを読まない」「ノートをつくらない」などと板書します。学生たちは敏感に反応します。

　いずれにしろ，教師の行為はグループ活動に大きな影響をおよぼすことを理

解してください。そして，LTD ミーティングで期待される学生の変化成長を促す方向で，教師の影響力を最大限に活用してください。

（2） 沈黙の対処法

　ミーティング中，特に関与したくなる場面が二つあります。「沈黙」の場面と「誤解」の場面です。これらの場面に出くわすと，教師はついつい口を挟みたくなります。気持ちは分かりますが，ここはじっと我慢し，グループの変化を見守ります。

　沈黙が続いている場合，教師が口を挟むことが多くなります。「沈黙は悪」という認識が強いのでしょう。沈黙を減らし，話し合いを活発にしたいという教師の善意からの行為と理解できます。しかし，教師が介入することにより学生の学びを阻害していることに気づくべきです。この場合，少なくとも，沈黙は自分たちで対応するしかない，という認識の育成を阻害しています。逆に，「困ったら黙ればいい。そうすれば教師が助けてくれる」，このような認識を育てることになります。

　実は，沈黙には大きな教育効果があります。沈黙の多いあるグループの学生が最初のミーティングで「どうしても沈黙が多くてつらい。胸が刺されるような気持ちでした」と LTD 記録紙に書いていました。ミーティングを 3 回，4 回と経験するなかで，そのグループも LTD ミーティングに慣れ，沈黙も徐々に少なくなりました。ところがその後，また沈黙の多いミーティングを経験することになりました。そのとき，同じ学生が「今日もまた沈黙が起こりました。でも今日の沈黙は違いました。みんなが真剣に考えていることがよく伝わってきて少しも怖くありませんでした」と述べていました。彼女は繰り返し起こる沈黙にもいろいろな意味があることを発見しています。また，沈黙を通してグループの変化成長を実感しています。

　沈黙は誰かが破らなければなりません。それを破るのがメンバー一人ひとりの責任です。沈黙も話し合いのスキルを高める絶好の機会になります。教師には，この機会を保証する義務があります。声をかけるのでなく静かに見守ってください。時に学生から助けを求める視線が投げかけられることもあります。それでも口を出してはいけません。学生自身で沈黙を乗り越える必要があります。これも訓練です。

（3） 誤解の対処法

　机間巡視中，教師が気になるもう一つの場面が「誤解」です。話し合いの内容を聞いていて，誤解を発見すると修正したくなるのが教師です。確かに，誤解を正すことは教師の大切な役割です。しかし，それ以上に大切なことは，誤解を自ら発見し，自ら修正できる力を学生に育てることです。その力の育成にとって自分の行為がどのように影響するか，教師は敏感になる必要があります。話し合いのなかに誤解を見つけても教師はグループ活動に介入すべきではありません。

LTD ミーティングで誤解を見つけたら，教師はその誤解を記録しておき，その後のミーティングの展開に注意を払います。例えば，step 3 で著者の主張を誤解した状態で，step 4 に移行したとします。step 4 で著者の主張を支持する話題を検討するなかで，誤解に気づき，誤解が解消されることがあります。むろん step 4 でも誤解が解けないこともありますが，step 5 や step 6 で気づくこともあります。60 分間の話し合いのなかで，誤解に気づき，誤解を解消することにより，自分たちで学ぶことの自信につながります。

　むろん，ミーティングが終わっても誤解に気づけないこともあります。単独の LTD ミーティングであれば，授業の終了時に誤解を解く必要があります。しかし，同じテーマについて複数回のミーティングを予定しているのであれば，ミーティングをまたいで誤解が解消されることもあります。例えば最初のミーティングで検討した課題文を誤解したとしても，その後のミーティングで取り上げた課題文を読み進めるうちに，最初の課題文の誤解に気づくこともあります。したがって，どの段階で誤解を指摘するか，しないかの判断は，教師にとって重要な作業になります。授業の展開にもよりますが，教師の介入はできるだけ避け，学生の自発的な修正を待つことが基本です。

5．LTD 導入の基本ユニット

LTD導入の基本ユニット

授業段階	回数	授業内容（1コマ90分）
導入	2	授業目的・見通し・グループ編成 LTDの概要説明 協同学習の理論と技法
解説	2	協同学習を用いたLTDの解説
（授業時間外）		課題文の予習ノート作成
実践	1	LTDミーティング（60分）の実践
ふり返り	1	授業全体とLTDのふり返り

スライド 6-6　LTD 導入の基本ユニット

　本格的に LTD を教える場合，1 コマ 90 分授業に換算すると 6 コマ程度の時間をかけています。スライド 6-6 を見てください。これまでの経験から割り出した授業の回数と内容です。各段階で想定しているコマ数は厳密なものではありません。本章の冒頭で見たように，授業は学生の特性によって大きく変わります。スライド 6-6 に示した授業回数は筆者が担当している学生を前提としています。受講生の学習意欲や理解力に応じて柔軟に変更してください。

スライド6-6からも分かるように，LTDの手順を教えてLTDミーティングを1回経験するだけであれば解説2コマと実践1コマの計3コマでも可能です。しかし，LTD本来の効果を期待するのであれば，導入段階での協同学習の考え方と基本的な技法の指導は欠かせません。また，協同学習やLTDなどの定着を促すために，実践した後のふり返りも必要になります。

以下，「LTDを教える授業」の基本ユニットを段階ごとに説明します。なお，このLTD導入の基本ユニットを組み込んだ授業のシラバスを付録6-2と付録6-3に示しています。参考にしてください。

（1）導入段階（2コマ）

導入段階ではLTDを学ぶことの意味と価値を語ります。そのうえで，授業（基本ユニット）の最終目的と，それにいたるまでの学習内容と手順を明示します。

初回にグループ編成を行い，自己紹介などを用いてグループを作ります。そのグループを活用しながら，協同学習の考え方，ラウンド＝ロビンやシンク＝ペア＝シェアなどの基本技法，傾聴やミラーリングといった話し合いの技法，支持的風土の良さなどを体験させます。これらはLTDの前提であり，LTDの成否に影響します。

（2）解説段階（2コマ）

LTDの基本事項とLTD過程プランを伝えます。また，過程プランに基づく予習とミーティングの方法を具体的に指導します。その際，教師による解説は極力さけ，「ジグソー学習法」や「特派員」といった技法（安永，2012）を活用して，できるだけ学生同士が学び合いながらLTDを理解できるように指導しています。この段階においても，協同学習の習熟と，互恵的な信頼関係の醸成を常に心がけています。

解説が終わった段階で，LTDミーティングで取り上げる課題文を配付し，予習ノートの作成を求めます。予習ノートの作成は授業時間外の活動になりますので，実践段階までに十分な予習時間を確保できるように配慮しています。

なお，初回に使う課題文の選定には注意が必要です。初めての経験ですから，LTD過程ステップを復習しつつ，課題文の内容を理解するといった二つの課題に，学生は同時に取り組まなければなりません。この点を考慮した課題文の選定が必要です。詳しくは以下の「課題文の選定」を参考にしてください。付録2-1「大学での学び方」を最初の課題文とすることも一案です。

（3）実践段階（1コマ）

LTDミーティングを行います。本書で紹介したLTDの予習を前提に，LTD過程プラン8ステップを忠実に守りながらミーティングを実践することを求めます。この1コマの流し方についての説明は，前述の「授業1コマの構成（スライド6-4）」や「ミーティング中の指導法（スライド6-5）」を参考に

してください。

（4） ふり返り段階（1コマ）

LTD をふり返ります。ミーティングだけでなく予習も含めて LTD 全体をふり返ります。むろん，課題文の内容理解や，LTD に期待される効果についてのふり返りも含めます。なお，LTD ミーティングの実践とふり返りはできるだけ近づけるように心がけています。可能であれば，ミーティングに引き続いてふり返りを行うのがベストです。

以上が LTD 導入の基本ユニットの概要です。この基本モデルは，あくまでも一つのモデルです。LTD の導入を考えている授業の実態を考慮し，より望ましい導入方法を計画してください。

6．「LTD を教える授業」の導入時期

LTD を大学教育に導入する時期は早いほど望ましいと考えています。できれば大学 1 年生の 4 月から開講する授業で LTD を導入することをお勧めします。学生の動機づけの観点からしても 1 年次前期が望ましいと考えます。入学直後は一定の不安と緊張感があります。同時に新しい世界へ第一歩を踏み出す期待感もあります。多くの新入生は大学という新しい世界に目を見開いており，この時期の体験は印象深いものになります。

新入生は大学での学習法に少なからず不安をもっています。大学での学び方は新入生のみならず既に大学で学んでいる多くの学生にとっても，実は明確に答えられない厄介な問題ではないでしょうか。その不安を解消するためにも，ひとつのモデルとして LTD を伝えることは大きなメリットになります。

入学後の早い段階で LTD を修得しておけば，その後の授業や学習に取り組む学生の姿勢が変わります。最近，コミュニケーション能力やディスカッション能力の必要性がますます強調されています。大学でもこのような能力を育てる目的から，授業に話し合いの要素を積極的に導入しようとする傾向にあります。LTD を通して，一定の学び方と対話の基本を理解しておくと，そのような授業の効果はさらに高まります。

たとえ講義中心の授業でも学生が LTD を身に付けておれば，その授業で用いるテキストや資料の読み方が変わり，ポイントの捉え方が的確になります。また，授業時間外の学習時間が増えるだけでなく，その学習の質も高めることができます。応用範囲が広い LTD を大学教育の早い段階で導入することをお勧めします。

7．「LTD で教える授業」の導入方法

学生が LTD を修得していれば，大学で開講されているさまざまな科目で活

用できます。大学では文系科目や理系科目，講義科目や演習や実習など，内容や形態の違った授業科目が数多く開講されています。そのなかで知識の獲得と理解をめざした授業内容であれば，授業形態にかかわらずLTDを活用できます。

　しかし，LTDは万能ではありません。LTDの特性を十分理解し，授業の目的を考慮して，どの学年のどの科目で「LTDで教える授業」を導入するのが最も効果的であるかを規準に判断してください。例えば，課題文の内容を理解できるだけの基礎知識がなければLTDを用いることは難しくなります。むろん，基礎知識を授けることを中心とした科目でも利用できますが，基礎知識を応用し，展開することを目的とした科目においてLTDの効果はより如実に表れます。

　実際的な問題として，大学のカリキュラムの現状を考えると，多くの科目で同時にLTDを実施することは難しいと判断しています。LTD過程プランに沿って真剣に学ぶと，準備にとても多くの時間がかかります。真剣になればなるほど時間がかかります。それだけに複数の科目で同時にLTDを実施すると，学生は予習時間の確保に追われることになります。そこで，カリキュラム全体を見通して，入学時から卒業時にいたるすべての段階で，継続的にLTDを体験できる状況を創り出すことが現実的だと思います。

　LTDの有効性を知る者として，すべての授業でLTDを採用してもらいたいという思いはあります。しかし，ここで留意していただきたいことは，教育の最終目的は学生の資質や能力を伸ばすことです。特定の学習法を導入することではありません。現実という条件のもと，学生の変化成長を効果的かつ効率的に実現するために最も相応しい手段の開発と導入が教師の役割です。LTDありきではありません。LTDも有効な選択肢の一つと考えてください。

8．課題文の選定と配列

　LTDを学習手段として導入した授業，すなわち「LTDで教える授業」で学生が何を学ぶかは，教師が何を課題文として採用し，どの順序で提示するかによって決まります。教師が一方的に話す講義と違い，課題文の選定と配列を通して学習内容を方向づけ，授業目標の達成を図ることになります。それだけに，学習課題の選定と配列は教師にとって大切な作業になり，LTDで教える授業の成否を決定するといっても過言ではありません。

（1）　課題文の選定

　LTDで学ぶ課題文の分野や領域に制限はありません。授業目的に従って課題文となる資料を選択します。資料の形式にはこだわりません。論文，評論，論説，随筆，新聞記事など，どんな形式の文章でも課題文として使えます（1章，p.7）。

　ただ，著者の主張が明確な課題ほど課題文に適しています。逆にいえば著者

```
                    課題文の選定

  １．課題文選定の留意点（影響因）
    ① LTDの要因    ：LTDの特性
    ② 課題文の要因：主張の明確さ
    ③ 学生側の要因：学習意欲，読書力，知識量
                  ：学生の興味，関心
                  ：LTDの熟達度
    ④ 教員側の要因：専門性，学問体系
                  ：教授意欲
```

スライド 6-7　課題文の選定と配列 1

の主張が見えない課題文は適しません。以前，教育心理学の授業で入門用の教科書を課題文として採用したことがあります。毎週，教科書の１章を課題文としてLTDを実践しました。この授業に参加した学生たちに多かったコメントは「教科書の隅々まで，これほどしっかりと読んだことはなかった。でも，あまり面白くなかった。なぜかといえば，誰が書いても同じと思われる内容で，著者の主張が見えてこないから」という内容でした。ここからも著者の主張が明確な資料が課題文として望ましいことが分かります。

　課題文の選択にあたっては，学生の興味関心やLTDの習熟度も考慮する必要があります。

（２）　課題文の配列

```
                    課題文の配列

  ２．課題文配列の留意点
    ① 授業目的
    ② LTD回数：課題文の内容と分量
              ：生徒の興味関心
    ③ LTDの熟達度：単純な内容から複雑な内容
    ④ 学問体系：学生に獲得させたい知識構造
```

スライド 6-8　課題文の選定と配列 2

授業中に複数回のLTDミーティングを予定している場合，複数の課題文を準備することになります。そうすると，準備した課題文をどの順番で学生に提示するか，課題文の配列の問題が生じます。課題文の配列も「LTDで教える授業」にとっては大切な事前準備となります。

　課題文の配列で最初に考慮すべき点は授業目的です。準備した複数の課題文を用いて，授業目的を達成するために最も効率的な配列を考えます。

　step 5の既有知識との統合が起こりやすい順序で課題文を配列することも一つの視点です。その他，選択した課題文の分量（枚数）や困難度，専門性の程度などを考慮して配列を決定します。

　学生参画型の授業をめざすのであれば，課題の選択や配列の作業にも学生を参加させ，意見を聞くことも一案です。しかし，ここでも授業の目的を学生にしっかりと理解させておくことが前提となります。

9. まとめ

　本章では，LTDを大学授業で活用する方法について検討しました。その際LTD自体を教える「LTDを教える授業」と「LTDで教える授業」に分けて考えました。

　まず，LTDを教えるために考慮すべき点として，LTDを指導する教師の問題を取り上げました。グループ活動を用いた授業では，学生が主体的にグループで学ぶことになります。そのような活動の場を演出するのが教師の役割です。教師にはその役割を実践できるだけの見識が求められます。そこには授業を構成する教材観，指導観，学生観が含まれます。本章ではこれらの点について解説しました。

　また，LTDを導入する際の基本ユニットや，LTDミーティングを行う授業の構成を紹介しました。これらは長年の経験から編み出されたものですが，それぞれがおかれた状況に応じて適宜修正して活用してください。

　最後に，LTDを修得できた学生を対象に，「LTDで教える授業」について，簡単に触れました。大学授業におけるLTDの活用範囲は実に広いものがあります。しかし，予習の負担を考えた場合，どの学年のどの授業で使用するか，カリキュラム全体のなかに位置づけて考える必要があります。一旦，LTDで教えることが決まれば，課題文の選定と配列が大きな問題になります。その授業目的を常に意識しながら作業を行うことになります。

　次章では，LTDを活用した授業づくりを，具体的な実践例を通して紹介します。現実問題を考えると，「LTDを教える授業」と「LTDで教える授業」を区別して開講することはなかなかできません。そこで「LTDを教えつつ，LTDで教える授業」を考えざるを得ません。次章で紹介する実践例はまさにそのような授業の紹介になります。

第7章
LTD 授業の展開

　前章では，大学での授業を例に「LTD を教える授業」と「LTD で教える授業」の標準的な方法を説明しました。その内容は，大学生を対象としたこれまでの実践経験から得られたものでした。大学の授業に LTD を導入する際の参考にしてください。ただし，あくまでも標準です。担当する授業に応じて柔軟にアレンジしてください。協同学習や LTD の基本理念が担保されている限り，LTD に期待される成果を得ることができます。

　本章ではアレンジの例として，短縮型 LTD と分割型 LTD を紹介します。両者とも，これまで紹介してきた標準的な LTD（標準型 LTD）を基盤とした授業づくりのなかで発想されたものです。発想のきっかけは，標準型 LTD の複雑さです。この問題を解決し，LTD の適用範囲を広げる試みのなかで形づくられた方法です。最初に，開発のきっかけとなった問題点を紹介します。次に，それらの問題を解決するために考案した短縮型 LTD と分割型 LTD について説明します。その際，大学生を対象とした短縮型 LTD の実践例と，専門学校生と小学生を対象とした分割型 LTD の実践例も紹介します。

1. 標準型 LTD 導入の問題点

　まず，LTD 過程プランと，LTD の導入方法を再度確認しましょう。1 章のスライド 1-6 とスライド 1-7（両方とも p.9）に LTD 過程プランを示しています。また，6 章のスライド 6-6（p.108）には「LTD を教える授業」の標準的な流れを，LTD 導入の基本ユニットとして示しています。これらが本書で紹介してきた LTD の実践方法であり，これから以降，標準型 LTD と呼ぶことにします。この標準型 LTD の特徴は，「授業内で行う LTD の説明 → 授業時間外での予習 → 授業内で行う 60 分間のミーティング」です。

　この標準型 LTD の特徴が，LTD を授業に導入する際の問題になることがあります。特に 60 分間という LTD ミーティングの時間と，LTD 過程プラン 8 ステップの複雑さです。さらに授業時間外に行う予習も問題になることがあります。これらが障害となり，LTD 導入・実践を躊躇したり，あきらめたりする場合があることも聞いています。

　まず，60 分というミーティング時間の問題です。大学の授業は一般的に 1 コマ 90 分です。そのうちの 60 分をミーティングで使うと，その前後の時間も

合わせて，1コマはミーティングだけで終わってしまいます。教師が解説をする時間はほとんどありません（6章，p.104，スライド6-4）。

また，LTDを小学校や中学校や高等学校に導入しようとすれば，60分というミーティング時間は大きな足かせとなります。小学校では45分授業です。中学校と高等学校は50分授業です。60分のLTDミーティングを1校時の45分や50分に納めることはできません。2校時をつないで時間を確保することはできますが，実際的ではありません。このように60分間というミーティングの時間がLTD導入のネックとなります。

もう一つが過程プランの複雑さです。複雑な過程プラン8ステップを修得し，予習とミーティングを行うのは，大学生にとっても，少なからずハードルの高い活動です。ましてや，小学生を対象として，スライド6-6に示した流れで標準型LTDを導入することはできません。

さらに，予習の問題があります。LTDにとって予習は不可欠です。しかし，過程プランに沿って課題文を読み解く作業は，大学生にとっても負担の大きな作業です。小学校や中学校の児童生徒に，授業時間外に一人で予習を行わせることは，極めて困難な作業となります。

このような問題を解決し，大学生のみならず，小学生でもLTDに基づく授業ができるように工夫したのが，以下に紹介する「短縮型LTD」と「分割型LTD」です。

2．短縮型LTD

短縮型LTD過程プラン（ミーティング用）

段階	ステップ	活動内容	配分時間
導入	step 1	雰囲気づくり	2分
理解	step 2	言葉の理解	3分
	step 3・4	主張と話題の理解	8分
関連づけ	step 5	知識との関連づけ	10分
	step 6	自己との関連づけ	10分
評価	step 7	課題文の評価	3分
	step 8	ふり返り	4分
			（合計 40分）

スライド7-1　短縮型LTD

短縮型LTDは60分間というミーティング時間を短縮することを目的に開発した方法です。ミーティング時間以外は標準型LTDの方法を踏襲しています。もともと，大学での授業で活用することを念頭に考案しました。

（1） アレンジの方法

　ミーティング時間を削減するためには二つの方法が考えられます。一つは各ステップの時間を短縮することであり，一つはステップの数を減らすことです。ここではこの二つの方法を取り入れて構成した短縮型 LTD を提案します。スライド 7-1 に短縮型 LTD の過程プランを示しています。この短縮型 LTD は過程プラン 8 ステップのうち step 3 と step 4 を統合し，各ステップの時間を短縮しました。

　短縮型 LTD を構成する際，課題文を無視して考えることはできません。特に課題文の長さ（分量）は時間短縮において決定的な意味をもちます。短縮型 LTD は，課題文として新聞の社説を念頭に，これまでの実践経験を考慮しながら各ステップの時間配分を検討しました。その結果，ミーティング全体の時間を 40 分に短縮することができました。この配分時間の妥当性については，今後，実践を重ねるなかで確認する必要があります。

（2） 課題文としての社説

　新聞の社説は 1,200 文字程度にまとめられており著者の主張が明確です。この程度の分量であれば，予習に費やす時間も短くなり，学生の負担を低減できます。

　社説に取り上げられる話題は豊富です。学生の興味関心を刺激する課題文や，授業目的に沿った課題文を比較的容易に入手することができます。

　また，社説はそのときどきの現実社会の出来事を扱っており，現実の社会事象に注目させ，学生の視野を広げることにも役立つと判断しています。

（3） ステップ統合のリスク

　LTD ミーティングの時間を短縮するために過程プランの step 3 と step 4 を統合しました。標準型 LTD の過程プランは，完成度が高いだけにステップを統合することにより LTD に期待される本来の学習効果が損なわれる危険性があります。

　step 3 と step 4 を統合した結果，まず著者の全体的な主張を把握して（step 3），その後に著者の主張を支持する話題を詳しく検討する（step 4）という思考の流れが無視されています。この「全体から部分へ」に関しては 2 章（p. 19）で検討したように，認知過程を考慮した場合，一定の必然性があります。step 3 と step 4 の統合がその必然性を無視することにつながります。この点を意識しておく必要があります。

　今回 step 3 と step 4 を統合したのは，新聞の社説を課題文として採用したことを強く意識しました。1,200 文字程度の社説では，著者の主張を支持する話題（根拠・理由・背景）を数多く入れることができません。そこで，step 3 と step 4 を統合しても大きな問題は生じないのではないかという考えがありました。

（4） 短縮型 LTD の予習方法

　それでも step 3 から step 4 という「全体から部分へ」という方向性，流れが無視されていることには変わりありません。そこで，短縮型を使った LTD を行う場合でも，予習では標準型 LTD の過程プラン（スライド 1-7, p.9）に基づき，2 章で述べた方法で予習ノートを作成させることにしました。この工夫により，LTD が本来求めている学習効果を損なうことが少なくなると判断しました。

（5） 短縮型 LTD の実践結果

　標準型 LTD の経験がある学生に，上記の短縮型 LTD を説明し，社説を課題文として 40 分間のミーティングを実践しました。予習ノートは従来の過程プランに従って作成してもらいました。

　なお，短縮型 LTD のミーティングでは 4 人グループを基本とし，人数調整が必要な場合は，5 人グループではなく，3 人グループを作りました。ステップの時間が短縮されているのでグループの人数を少なくし，一人ひとりの発言を増やすことを考えました。

　短縮型 LTD を体験した学生のコメントを次にあげておきます。これらのコメントから判断して，社説を前提とした短縮型 LTD は概ね好評でした。今後さらに検討を加え，授業のなかで活用していきたいと思っています。

①学生のコメント：短縮型 LTD について

a） 短縮型でミーティングを行うと，初めて LTD をする人でもプレッシャーが少なくなる気がしました。

b） 一言でいうと楽しかったです。自然と，どのステップでの話も笑いにつながって，グループの空気ができあがったことを実感しました。今日は時間も短かったこともあり，いつもは（標準型 LTD では）時間が余ることもあったのに，今回はもっと話したいことがあるのに……と感じました。

c） 短縮型の方が沈黙も少なく，短い時間で集中できて良い。それに発言量も少し増えた気がする。

d） 今日は 4 人グループだったので，短縮型の時間配分はかなりピッタリで，内容を深く話し合うことができた。5 人以上だと短すぎると思う。LTD の醍醐味は，予習の内容以外に，その時に人の意見を聞いた後に出てくる考えをその場で言うことだと思っているので，例えば 6 人グループではそんな時間はとれないと思う。

e） わたしはもっと話す時間が欲しいと思いました。特に，短縮型を行うならば，step 6 でもう少し時間があればよいと思う。LTD で一番意見が飛び交うステップが step 6 だと感じているからだ。

②学生のコメント：課題文としての社説

a）社説は短く，とても分かりやすくてよいと思う。あと，すぐ読めるので予習の程度に差が開きにくいと思う。また，話題が自分たちの生活の一部ということで関連づけがやりやすく，さまざまな視点からの意見も聞けて，より生きた学習になっていると思った。

b）社説は著者の主張がつかみやすく，内容も興味をもちやすいので良いと思う。短い分，詳しくは理解できないところもあるが，逆に自分で調べたりもでき，会話もし易いので，LTDでは社説の方がより適していると思う。

c）社説は，新聞という身近なものだから，話しやすい。また，簡潔に書かれていて予習の時点で個人の内容理解が深まり，上手くLTDが進んで他の知識を調べる余裕もできたと思う。

d）社説は大いに賛成だ。毎回違うテーマで話し合うことが可能であるし，文章も読みやすいのでまとめやすい。

（6）短縮型 LTD の活用

短縮型LTDの大学授業への活用

- アレンジ1：予習は時間外
  - 短縮型LTDミーティング　　45分
  - 全体討論と教師の解説　　　45分

- アレンジ2：予習は時間内
  - 予習ノートの作成　　　　　20分
  - 短縮型LTDミーティング　　45分
  - 教師の解説　　　　　　　　25分

（時間は概数）

スライド7-2　短縮型 LTD 大学授業への活用

　上記のように短縮型 LTD に一定の成果が認められています。これを前提に，短縮型 LTD の活用法がいろいろと考えられます。

　まず，短縮型 LTD のミーティングが40分で終わることで，高等学校や中学校の50分授業に導入することも，時間的には可能になりました。また，1,200文字程度の社説を課題文として使用することを前提とすれば，予習時間も短縮でき，生徒の負担を軽減できます。少なくとも，高校生が対象なら，十分に活用できると考えています。

　また，ミーティング時間を40分に短縮できたので，1コマ90分の大学授業に導入しやすくなりました。実際，いろいろなアレンジが考えられます。

例えば、スライド7-2のアレンジ1に示した授業が最も一般的な流れとなります。つまり、標準型LTD同様、授業時間外に予習を行い、授業の前半でミーティングを行います。そうすると、残り45分程度をいろいろと活用できます。残りの時間を使って、クラス全体で課題文について意見交換を行い、最後に教師が解説を加えることもできます。

クラス全体の討論は省いて、課題文の内容に関して教師が一方向的な「講義」をすることも一案です。最初から最後まで一方向的に行う講義とは異なり、LTDミーティングで仲間と一緒に課題文を十分に吟味し、頭が活性化している学生が対象です。教師の講義に対する学生の反応は大きいと考えられます。

できれば教師が講義をする場合でも、短時間でも構わないので授業の終わりに、学生に意見を求めたり、ふり返りを書かせたりなどの活動を組み込むことが効果的だと考えます（安永, 2012）。それが無理であれば、コンピューター＝システムを活用して、時間外にコメントを書かせ、提出を求めることも可能です。

さらに、スライド7-2のアレンジ2に示したように、授業中に予習を行うという方法も考えられます。1,200文字程度の社説、またはそれと同程度の文章を課題文として与える場合は、授業時間内に予習を行うことは可能です。一つの選択肢として使えると思います。

3．分割型LTD

短縮型LTDは標準型LTDのステップを一部統合し、各ステップの配分時間を短縮して40分間でミーティングが終わるように工夫しました。90分授業が一般的な大学の授業であれば、LTDミーティングの時間に関する問題は解消されたと考えています。短縮型LTDのミーティングの前後を使って、課題文についての解説や、関連する情報の提供など、授業を改善することができます。

しかし、この短縮型LTDでも小学校や中学校や高等学校の授業に導入するには困難です。これらの学校の授業時間は45分または50分です。時間だけを見れば、40分間で終わる短縮型LTDは実施できなくはありません。しかし、最大の問題は、先に示した実践例のように、短縮型LTDは標準型LTDの経験者が前提になっている点です。標準型LTDの経験者であり、LTDを実践するために必要なスキルがある学生が対象であったという点です。小学校・中学校・高等学校の児童・生徒が標準LTDを使いこなせるのであれば、短縮型LTDを一般の授業でも活用できると思います。つまり「LTDで教える授業」は可能かも分かりません。しかし「LTDを教える授業」をどう仕組むかが問題となります。

ここで紹介する分割型LTDは、小学校高学年で行われている通常の授業にLTDを導入することを意図して開発した方法です（須藤・安永, 2009, 2010, 2011）。

（1） アレンジの方法

標準型 LTD は，6 章で説明したように，大学授業を念頭に開発された方法です。実際には「授業で行う LTD の説明 → 授業時間外での予習 → 授業内で行う 60 分間のミーティング」といった流れで実践されます（6 章，p. 108，スライド 6-6）。このままでは小学校の授業に導入することはできません。LTD 過程プランを一挙に説明しても小学生は理解できません。また，標準型 LTD が求めている「授業時間外での予習」も小学生には無理があります。60 分間というミーティング時間の問題は上に示した通りです。

これらの問題点を解決するために分割型 LTD を考案しました。分割型 LTD に基づく授業では，LTD 過程プランのステップごとに，授業時間内に学習法を解説し，各ステップの「予習」と「ミーティング」を「対」にして実践します。以下，具体的な実践例をあげながら，分割型 LTD の詳細を紹介します。対象とした授業は，小学校 5 年生の国語（説明文）の授業です（須藤・安永，2011）。

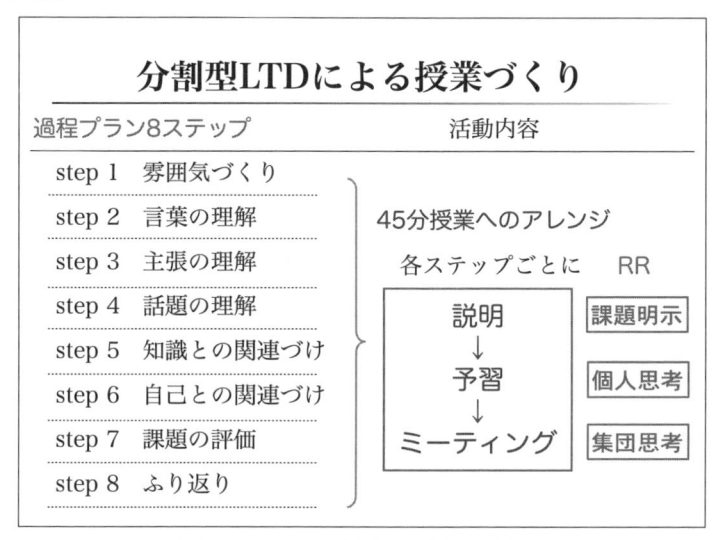

分割型LTDによる授業づくり

過程プラン8ステップ	活動内容
step 1　雰囲気づくり	
step 2　言葉の理解	45分授業へのアレンジ
step 3　主張の理解	各ステップごとに　RR
step 4　話題の理解	説明
step 5　知識との関連づけ	↓　課題明示
step 6　自己との関連づけ	予習　個人思考
step 7　課題の評価	↓　集団思考
step 8　ふり返り	ミーティング

スライド 7-3　分割型 LTD による授業づくり

（2） 分割型 LTD の実践例

①**対象児と授業者**　対象は公立小学校 5 年生 2 クラスでした。一方は 25 名（内，要支援児 3 名）で，他方は 27 名（内，要支援児 4 名）でした。

授業者はクラス担任の 2 名でした。二人ともグループ活動に意欲的であり，日常の授業で活用していました。しかし，協同学習を意識的に学んだことはなく，LTD も知りませんでした。LTD を授業に導入することが決定した後，二人の授業者に対して標準型 LTD を教授し，分割型 LTD に基づく授業づくりを支援しました。

②**課題文と授業目標（単元目標）**　課題文は東京書籍（2005a）の「インスタント食品とわたしたちの生活」でした。全 15 時間の単元目標は「文章の組み立てに注意して読み，述べられている事柄を正確につかむとともに，筆者の

考えを読み取る」こと，および「身近な生活の中の問題について理由や根拠を明確にして討論する」ことでした（東京書籍，2005b）。

　③**単元計画表**　　授業を展開するために，全15時間の授業の流れが一目でわかる単元計画表を作成しました（付録7-1）。これは授業づくりにおいて「単元見通し」や「学習の見通し」が重要な役割を果たすという協同学習の指摘を取り入れたものです（杉江，1999）。

　④**学習プリント**　　分割型 LTD を実施することを前提に，ステップごとに「予習」と「ミーティング」を支援するための学習プリント（B4判用紙片面使用，全授業分15枚）を準備しました。一例として，step 5 の授業で用いた学習プリントを付録7-2にあげておきます。

　⑤**グループ編成とメンバーの役割**　　グループ編成においては，要支援児の支援体制を考慮しながら，男女数に偏りがないように，4人（一部3人・5人）グループを編成しました。

　ミーティングではグループ内で司会・記録・時間・発表の役割を分担し，ミーティングのたびにローテーションで役割を交替させました。

　⑥**授業の基本形**　　スライド7-3に示すように，過程プランのステップごとに，授業時間内に予習とミーティングを繰り返す分割型 LTD で授業を展開しました。その際，予習では「動機づけ」「単元計画表の確認」「課題明示」「ふり返り」，ミーティングでは「動機づけ」「単元計画表の確認」「役割分担」「課題明示」「ふり返り」を授業の基本形としました。

　特に初回の授業においては，単元計画表を提示して，学習の見通しをもたせ，「予習」や「ミーティング」の予定も含め，授業全体の流れを説明しました。

　また，毎時間の授業の中でも「学習の見通し」をもたせることを常に意識しました。授業開始時に何をどのような手順で考え，話し合えばよいかを明示し，クラス全体での確認のもと授業を進めました。

（3）分割型 LTD の成果

　この分割型 LTD の学習成果を測定するために，スライド7-4に示すテストを準備しました。

　①**学習成績の変化**　　学習成績は二つのテストで測定しました。一つは基礎テストです。このテストは単元で習った課題文に関するテストで「単元テスト」と呼ばれており，授業内容の理解度を測定します。単元テストの標準点（期待される最低点）は80点に設定されています。もう一つは活用力テストです。このテストでは，その単元で学んだ内容をもとに，新しい課題文を使って応用力を測定するものです。

　まず，分割型 LTD を実施した学校（LTD 実施校）で，LTD を実施する前の1学期と2学期の基礎テストの成績と，LTD を実施した3学期の基礎テストの成績を比べました。スライド7-5から，LTD を実施していない1学期と2学期に比べて3学期の成績が高いように見えます。しかし，統計的には明確な差は認められませんでした。また，LTD を採用していない近隣の学校（比

学習成果の評価

- 認知面：学力テスト（単元後）
  - 基礎テスト：「情報の取り出し・解釈」
  - 活用テスト：「熟考・評価」

- 態度面：QUテスト（単元前後）
  - やる気（学校生活意欲）
    友達関係，学習意欲，学級の雰囲気
  - いごこち（学級満足度）
    承認，被侵害

スライド 7-4　学習成果の評価

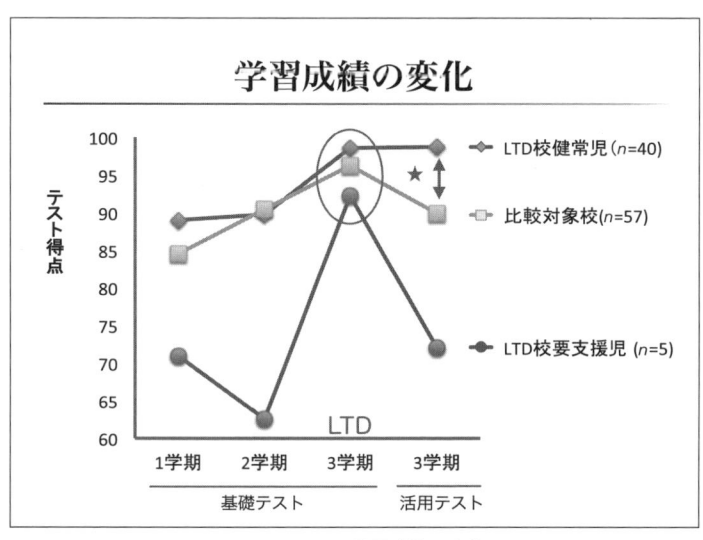

学習成績の変化

- LTD校健常児 (n=40)
- 比較対象校 (n=57)
- LTD校要支援児 (n=5)

（1学期・2学期・3学期：基礎テスト／3学期：活用テスト）

スライド 7-5　学習成績の変化

較対象校）と比べても，明確なLTDの効果は認められませんでした。一方，LTDを実践した3学期の活用力テストの成績をLTD実施校と比較対象校との間で比較すると，明確にLTDの効果が認められました。

　さらに注目したいことは要支援児の成績変化です。LTD実施校の2クラスには合計7名の要支援児が在籍していました。彼らはアスペルガーやアスペルガー傾向，ADHD，LDなどの障害をもつ子どもたちでした。彼らのうち，すべてのデータを収集できた要支援児5名の学習成績の変化を見ると，基礎テストにおいてLTDの効果が明確に現れています。LTDを導入していない1学期と2学期の成績と比べると，3学期の成績は大きく伸びています。スライドから判断する限り，健常児とほとんど同じ水準の成績を示していました。

　これは過程プランに基づく体系的なLTDと，LTDが前提としている協同

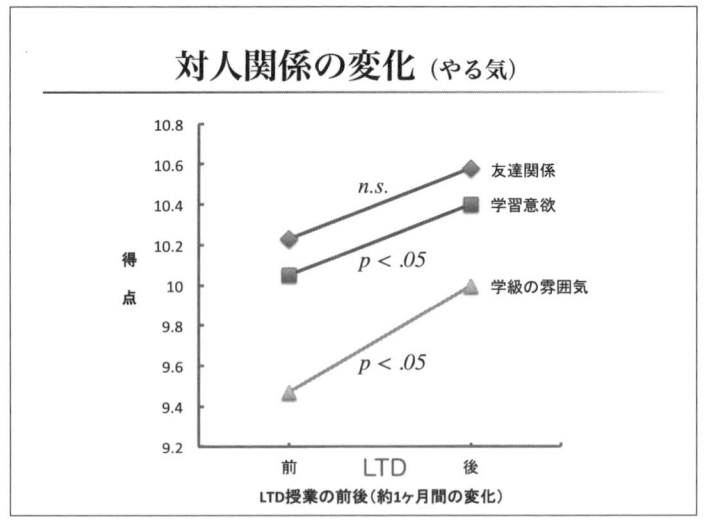

スライド7-6 対人関係の変化

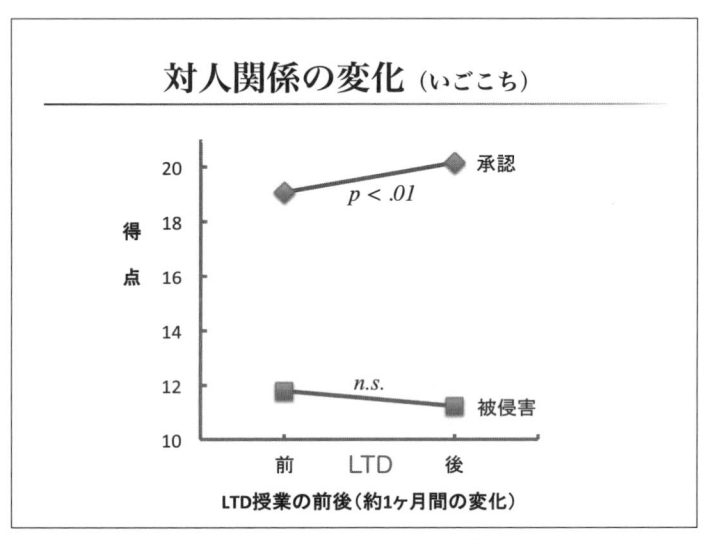

スライド7-7 対人関係の変化

学習の理論と技法を活用した授業づくりの成果と考えられます。分割型LTDによる今回の授業づくりで，要支援児も参加しやすい学習環境を演出することができたといえます。この点は次に紹介する対人関係の変化からもうかがえます。

　②**対人関係の変化**　対人関係の変化は市販のQ-Uテストを使いました（河村，2007）。分割型LTDによる授業開始前と15時間の単元が終了した後の2回，調査をしました。2回の調査は授業を挟んで約1ヶ月の間がありました。この短期間の変化をスライド7-6と7-7に示しています。

　これらのスライドから，LTDの授業を経験して，学級全体の学習意欲，学級の雰囲気，他者からの承認が有意に伸びていることが分かります。また，明確な差異は認められませんでしたが，友達関係も改善しており，被侵害も減る

（4） 分割型 LTD 授業の評価

　上記の分割型 LTD による実践は，大学生を対象として開発された LTD を小学校 5 年生国語（説明文）の授業でも使えるように工夫し，大きな成果をあげた点は高く評価できます。この分割型 LTD を活用することにより，小学校高学年以上であれば，これまでの授業時間を大きく変更することなく，通常の授業のなかでも LTD を実践できることが示されました。

　この分割型 LTD による授業づくりで二つの成果が認められました。一つは協同学習に期待される認知と態度の同時学習を実証している点です。つまり，分割型 LTD の授業を通し，認知面である学習成績に明確な伸びが認められました。同時に，態度面である対人関係も改善していました。これら認知と態度の二つの側面が分割型 LTD による授業を経験することで同時に達成できたことは注目に値します。

　また二つ目として，スライド 7-5 に示したように，LTD は課題文の理解のみならず，課題文で学んだ内容を応用する力，すなわち活用力を伸ばすことを実証できました。

　分割型 LTD の実践は始まったばかりで，小学校や専門学校での実践例が数例あるのみです。中学校や高等学校への導入を試み，実践を重ねるなかで，分割型 LTD による授業づくりがさらに展開することを期待しています。

4．LTD を基盤とした授業づくり

　これまでに短縮型 LTD と分割型 LTD を紹介してきました。これらは，対象となる学習者の特性や授業時間の制約などを考慮して，標準型 LTD の本質的側面を維持したまま，実施方法をアレンジしたものでした。

　ここでは，LTD 過程プランの特徴を活かして，読解力と対話力のみならず討論力（ディベート）や文章作成能力の育成をめざした授業づくりを紹介します（須藤・安永，2014）。これらの能力を根底から支えているのが論理的な言語技術です。LTD はこの論理的な言語技術の育成に大きな力を発揮します。

（1） 授業の概要

　ここで紹介する授業は看護専門学校で開講されている基礎科目「論理的思考」です。授業の達成目標は，論理的な言語技術の獲得でした（認知目標）。具体的には，学生一人ひとりが他者に伝わりやすい論理的なエッセイを書くことを目標としました。指導法として，協同学習の理論と技法を採用しました。また，協同学習を通して獲得される学習仲間との信頼関係や仲間からの承認，グループ活動に対する貢献など，態度面の変化成長も期待しました（態度目標）。

　本実践の特徴は①協同学習への準拠，②分割型 LTD の採用，③ LTD に基

```
┌─────────────────────────────────────┐
│           言語技術                   │
│  □ 言語技術とは                      │
│     □ 言語活動や言語生活を適切に行う技術と態度 │
│     □ 言葉を効果的に使う技術と態度    │
│     □ 「聴く，話す，読む，書く」＋「看る」 │
│  □ 言語技術の役割                    │
│     □ 思考・思考表現・対話の道具     │
│  □ 心理学研究の基盤                  │
│     □ 思考表現としての論文，発表     │
└─────────────────────────────────────┘
```

スライド 7-8　言語技術

```
┌─────────────────────────────────────┐
│         論理的な言語技術             │
│   □ 論理的思考                       │
│      □ 筋道が立った考え方            │
│      □ 他者と共有できる考え方        │
│      □ 科学者（心理学者）の思考パターン │
│   □ 論理的な言語技術の特徴           │
│      □ 筋道が立った      ⎫           │
│      □ 伝わりやすい      ⎬ 言葉の使い方 │
│      □ 誤解されない      ⎭ （看・聴・話・読・書） │
│      □ 単純明快な                    │
└─────────────────────────────────────┘
```

スライド 7-9　論理的な言語技術

づく授業展開の3点です。①と②に関しては本書で既に述べた内容と同じです。ここでは③について説明します。

　この3番目の特徴がLTD過程プランを応用した授業構成です。これまで大学や専門学校などで標準型LTDを導入して一定の効果が認められています（藤田・藤田・安永，2000；古庄，2013；丸山，2013；峯島，2014；安田，2008）。ただし，それらの報告は標準型LTDの導入に焦点があてられていました。つまり，「標準型LTDを教えること」と，「標準型LTDで教えること」が中心でした。学生が獲得したLTD過程プランを活用して，他の授業内容を効果的かつ効率的に指導するという発想はありませんでした。それに対して，本実践では，読解や対話，討論や文章作成などの言語技術は共通した論理的思考に基づいているという前提に，LTDによる読解力の育成によって獲得され

た論理的な言語技術が，討論（ディベート）における論の構成や文章作成においても有効であると考えました。そこで討論（ディベート）を課題とした授業と，文章（エッセイ）作成の指導を行う授業をLTD過程プランに沿って展開しました（須藤・安永，2014）。

（2） 受講生と授業者

対象は夜間の看護学生51名（女子39名，男子12名）でした。学生の年齢や性別を考慮して異質な5人グループを編成しました（1グループのみ6人）。授業は週1回100分授業で，全体の授業回数は22回でした。なお，8回目と17回目にグループ替えを行いました。授業は筆者（須藤）が担当しました。

（3） 授業1コマの展開

すべての授業において協同による対話中心の授業展開を試みました（安永，2012）。その基本形は「①挨拶，②前時のふり返り，③目標，④展開，⑤本時のふり返り」という流れでした。授業では，「挨拶」の後，授業通信（8章，p.139）を用いて前時をふり返り，本時の目標を確認したうえで，本時の内容を展開しました。その内容が，次項「授業全体の展開過程」で示した内容を取り上げました。その際，シンク＝ペア＝シェアやラウンド＝ロビン，ジグソー学習法など協同学習の技法を繰り返し活用しました。また，LTD過程プランに含まれる関連づけ（step 5とstep 6）の練習を含めることもありました。そして，最後に授業記録紙（付録7-3）への記入を求めました。

（4） 授業全体の展開過程

授業目標を達成するために，授業全体を「読解段階」「討論段階」「文章作成段階」の3段階で構成しました（表7-1）。

①読解段階 最初の2回の授業を使って協同学習に必要な基本的態度とスキルを訓練しました。その内容は，6章で説明した「LTDを教える授業」と同じ発想に基づいています。まず，協同学習の考え方と基本スキルを，グループ活動を通して伝えました。そのうえで，ジグソー学習法も援用しながら分割型LTDを導入し，LTDミーティングを実践しました。なお，本実践においてはLTD過程プラン8ステップを，前半の4ステップと後半の4ステップに大別し，二分割としました[1]。LTDの中心的な活動であるstep 5とstep 6の関連づけは，授業中に練習時間を設け，継続的に訓練しました。

②討論段階 この段階では，LTDを活かしたディベートを行いました。学生にはディベート経験がなかったので，ディベートとは何か，ディベートの四つのプロセス（論題の決定，資料・データの収集と分析，論理の構築，討論会）と，ディベートの効果について解説しました。その後，授業者が考案した「円形ディベート[2]」を用いてディベートの訓練をしました。

次に，本格的なディベートを行うために次の手順を取りました。ⅰ）個人思考（予習）：論題に対するメリット・デメリットをできるだけたくさん書き出

---

[1] 専門学校生なので，標準型LTDを活用することもできました。しかし，夜間の看護学校ということもあり，昼間は働いている学生が多く，授業時間外に予習の時間を確保することが困難という事情がありました。そこで，予習を授業中に行う分割型LTDを採用しました。二分割にしたのは，対象が大人であるということ，および，LTD過程プランの特性も考慮して，二分割としました。

[2] 円形ディベートは，ディベートが討論を楽しむゲームであることや，自分の考えとは違う立場でも討論をするということを体験的に理解させることを意図した技法です。円形ディベートはグループごとに行います。その手順は次の通りです。まず，グループに論題を与え，賛成意見と反対意見を考えさせます。次に，協同学習の技法「ラウンド＝ロビン（バークレイら，2009）」を用いて，一人ずつ意見を述べます。その際，最初のメンバーAが賛成意見Xを述べます。この意見を受け，次のメンバーBが「AさんはXとおっしゃいましたが，それは違うと思います。というのは，Yだからです」と，ミラーリングを活用しながら反対意見を述べます。次のメンバーCは，メンバーBに対して反対意見を述べます。このように，常に前のメンバーの意見を次のメンバーが否定し一巡します。一巡したら，次は賛成意見と反対意見を交代して逆方向で，さらに一巡します。

表7-1 授業展開の3段階と主な授業内容

段階	講	主な学習内容
読解	1	仲間づくり，授業の目標，傾聴とミラーリング
	2	協同学習の基本要素，話し合いの基本原理
	3	LTD過程プラン，LTD予習 step 1〜step 4 の目的と方法
	4	LTD予習 step 2 と step 3，ジグソー学習
	5	LTD予習 step 3，ジグソー学習
	6	LTD予習 step 4
	7	LTDミーティングの方法，LTDミーティング step 2〜step 4
	8	LTD予習 step 5〜step 8 の目的と方法，LTD予習 step 5〜step 6
	9	LTD予習 step 5〜step 8
	10	LTDミーティング step 5〜step 8
討論	11	LTDのまとめ，ディベートとは，円形ディベート
	12	標準型ディベートフォーマット，練習ディベート準備
	13	練習ディベート：「インスタント食品」
	14	ディベートの論題決め，論題1）2）ディベート準備
	15	論題1）ディベート：「夏休みの課題」
	16	論題2）ディベート：「結婚に必要なのは」
文章作成	17	前期授業のふり返りと自己評価，エッセイ作成の見通し
	18	エッセイ作成：タイトル，主題，話題
	19	エッセイ作成：文章構成，話題の関連づけ
	20	エッセイ作成：下書き，推敲
	21	エッセイ作成：推敲，清書
	22	エッセイ完成披露，まとめ

す。ⅱ）集団思考（ミーティング）：肯定側・否定側両方の主張（step 3）とその根拠（step 4）について話し合う。ⅲ）関連づけ：根拠に説得力をもたせるために，効果的な関連づけ（step 5・step 6）をつけ加える。この指導において，学生が既に獲得しているLTD過程プランとの対応を常に意識させました。

　ディベートは3回行いました。それぞれの論題は「インスタント食品は積極的に利用すべきである」「夏休みの課題はなくすべきである」「結婚に必要なのはお金より愛情である」でした。また，グループごとの役割分担（肯定側ディベーター，否定側ディベーター，司会，審判，フロア）は，そのつど変えました。

　③**文章作成段階**　この段階では，LTDを活用して1,200文字程度のエッセイを一人一編書くことを課題としました。具体的な手順は次の通りであり，常に，個人思考の後，集団思考を行うという協同学習の手順を採用しました。ⅰ）タイトル，主張，話題を書く（step 3, step 4）。ⅱ）文章構成を考え，話題の関連づけを行う（step 5, step 6）。ⅲ）下書きを書き，推敲する（step 7）。ⅳ）清書する。ⅴ）グループで完成エッセイを紹介しあう。ここでもLTD過程プランを常に意識しながら課題を遂行させました。

　また，本段階では「分かりやすい文章作成のポイント」，「原稿用紙の使い方」，「推敲の観点」などを指導しました。

（5） 授業の成果

①基本情報　本授業に参加した学生数は当初51名でしたが，諸般の事情により，以下に述べる授業成果は48名分のデータです。

まず，本授業の出席率は22回の平均で98.2%であり，高い出席率を維持できました。特に授業開始から8回を含む11回で出席率100%を記録しました。

②授業記録紙における自己評価の分析　授業記録紙の自己評価について，評価項目の内容を手がかりに「理解，参加貢献，信頼，好意，承認」の5カテゴリーに分け，その平均点の推移を示したのが図7-1です。図7-1から，全体的に見て，どのカテゴリーも最終講に向かって得点が上昇していること，すべてのカテゴリーがほぼ同じ動きを示しており，承認を除き，最終講に向かって各カテゴリーの得点が収斂する傾向が読み取れます。また，グループ活動に対する「好意」がほぼすべての授業で最も高い得点を示しており，「承認」が最も低い得点を示しています。その「承認」も授業を経るに従って上昇していることは注目に値します。

さらに，2度のグループ替え（8講と17講）で，すべてのカテゴリーの得点が大きく落ち込んでいることが読み取れます。しかし，落ち込みの程度は1回目よりも2回目が小さく，回復も早い傾向がうかがえます。

「参加貢献」と「理解」はほぼ同じパターンを示しています。両者の関係で特徴的なのは，読解段階の8講までは「参加貢献」が「理解」よりも有意に高い得点を示していたのに，読解段階の最後から，討論段階と文章作成段階では両者に有意な差異は認められていない点です。また，文章作成段階の18講および19講で得点が伸びていないのは，エッセイを書くという授業課題がもつ性格上，グループ活動が少なかったことや，エッセイ作成の途中という不完全感がもたらしたものと考えられます。このことはエッセイが完成し，仲間に対してエッセイを紹介した22講において有意に上昇している点からも支持されます。

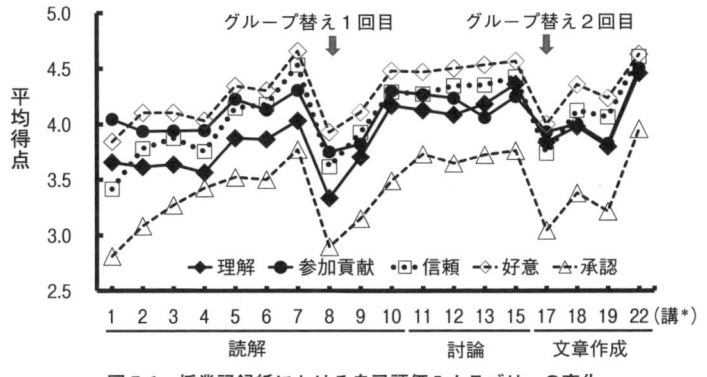

図7-1　授業記録紙における自己評価5カテゴリーの変化
*14・16・20・21講の授業記録紙なし。

③授業記録紙の自由記述欄を用いたふり返り　全22講のうち，17講と21

講において授業記録紙の自由記述欄を用いたふり返りを行いました。この2回のふり返りにおいて次の感想が得られました。1回目では「関連づけって自由にできて楽しいなあと思った。考えることは本当に集中力を要することなんだと，授業を通して改めて感じた」「グループで話したり，他のグループの意見を聞いたりすることにより，いろんな刺激を受けている自分がいると感じた」など，自分の考えが広がったり深まったりすることへの喜びが感じられる感想がありました。

2回目では「互いが互いのエッセイをより良いものにするため，中身の詰まった話・言葉が交わせていると思う」「学習を共にすることで，どんどんグループメンバーとの仲を深めることができた」「後期（17講以降）の授業の中で印象に残っている言葉として『競争と協同』という二語があるが，そんな風にして自分と相手とを磨いていけたら理想だなと改めて思った」など，クラスの仲間同士のつながりに言及した感想がありました。

④**完成したエッセイの質**　本授業の最後まで参加した48名全員がエッセイを完成することができました。そのうち，授業者がほとんど修正する必要のない完成度の高いエッセイ12本を外部機関主催のエッセイ＝コンテスト（雑誌「看護教育」（医学書院）主催「第8回看護学生論文：エッセイ部門」）に応募しました。その結果，2編が入選し『看護教育』（2010，8月号）に掲載されました。なお，同誌によれば，エッセイ部門には64本の応募があり，8編が入選とのことでした。このことから，本授業で培われた論理的な言語技術の高さを知ることができ，本授業で最終目標とした論理的な言語技術の修得という認知目標は到達できたと判断できます。

（6）　LTD過程プランを活用した授業づくりの評価

本実践では，第1段階でLTDを習得させ，LTD過程プランを常に確認しながら，第2段階ではディベートを，第3段階ではエッセイの作成を指導しました。その際，各段階で「主張（step 3）→話題（根拠，step 4）」の順序性を常に意識させたこと，および「関連づけ（step 5 と step 6）」を繰り返し練習したことにより，LTD過程プランの理解も深まりました。特に，「主張→話題（根拠）→関連づけ」の順序性を意識した話し方や文章作成は，看護学生にとって日頃の看護業務と直結する活動であるので，学生の学習意欲が高かったといえます。

本実践で採用した3段階の順序性について，最後にエッセイを書かせたことは次の二つの点で有効であったといえます。まず，一般的に，エッセイの作成は個人作業が中心となりますが，本実践においては，エッセイを作成する際も，仲間との対話を通して，テーマの設定や構想，添削や校正を学生同士で協力して行わせました。また，エッセイはその性格上，個人の内面世界を吐露することが求められます。そのためには，学び合う仲間との信頼関係が極めて大切になります。協同学習が求めている肯定的な相互依存関係（5章，p.92）が担保されていなければ，個人の内面世界を学びの場にあげることはできません。

その意味で，第1段階で協同学習に基づくLTDを学び，第2段階で相手の立場に立ってものを見たり考えたりするディベートを体験するなかで，肯定的な相互依存関係が構築され，内容の深いエッセイの作成に結びついたと考えられます。

さらに，エッセイでは，自分の経験内容を分かりやすく書くことに加え，その内容がいまの自分にとってもつ意味を明らかにする必要があります。この活動はまさしくLTDのstep 6の活動に対応します。関連づけを柔軟に行うには，訓練が必要であり，その訓練を第1段階と第2段階で繰り返し経験できました。その結果，第3段階でエッセイを作成する際には，関連づけにも慣れており，有効であったと考えられます。このようなエッセイの作成を授業の最終課題として取り上げたことで，自分や仲間を新たな視点で見つめ直す機会となり，仲間意識を高めさせるうえで効果的であったといえます。また，エッセイの全国コンテストへの応募を最初に到達目標として掲げたことは，授業に対する学生の目的意識を明確にし，動機づけを高めたと考えられます。

本実践を通して，論理的な言語技術の育成を目的とした，LTDを基盤とした体系的かつ重層的な授業モデルを示すことができました。今後はさらに工夫改善を重ね，より望ましい授業づくりを展開したいと考えています。

5．まとめ

本章では，前章までに紹介してきた標準型LTDを基盤としながらも，LTDを導入する授業が抱えるそれぞれの特殊性を考慮し，LTDの基本理念は維持しつつ，LTDの実践方法をアレンジした短縮型LTDと分割型LTDに基づく授業づくりを紹介しました。

短縮型LTDでは，課題文として新聞の社説を用いることを前提に，60分のミーティング時間を40分間に短縮することができました。また，分割型LTDを開発することにより，小学校高学年の授業にLTDを導入することができるようになりました。その成果は大きく，PISA型読解力に求められている「活用力」を促進させることが確認されました。加えて，要支援児の指導においても大きな可能性が示されました。

さらに，論理的な言語技術の育成にLTDが有効である点に着目し，読解力と対話力の育成に留まらず，討論（ディベート）の力や文章作成能力の育成にも，LTD過程プランを基盤とした授業が有効であることを示すことができました。

これらの実践を積み重ねることで，小学校から大学までのさまざまな授業でLTDを基盤とした授業づくりが進むことを期待しています。

授業づくりを進めるためには，その効果性をいかに測定するかが大きな問題となります。効果測定の有効な手段があって初めて，授業づくりの検討が進みます。次章では，LTDを基盤とした授業を中心に，授業評価について考えることにします。

第8章
LTD 授業の評価

　協同学習の考え方と技法を基盤として展開されるLTD話し合い学習法は，まさに理想的な学習法であり，対話法です。ここまで本書を読まれてきた皆さんの感想はいかがでしょうか。LTDの有効性を理解していただくには，その効果を実証的に示す必要があります。前章では，その一端を実践例のなかで示しました。本章では，LTDの教育効果を測定することを念頭に，LTDを初めとするグループを用いた授業評価の方法について検討します。

　授業づくりでは科学的なデータに基づく検証が欠かせません。いかなる授業も，常に実証的な検討を受け入れ，科学的なデータに基づき，幅広い関係者との議論を重ね，改善されるべきです。確かに，教師としての経験や直感は大事です。しかし，経験や直感だけに頼った判断は，独善的になりがちであり，学生の変化成長の観点から判断して望ましいものではありません。

　授業評価にあたっては，評価の目的と対象を明確にする必要があります。これらが決まれば，「いつ，だれが，何を，どのように」評価するのが望ましいか必然的に決まります。

1. 授業評価の概要

（1） 授業評価の目的と主体

　授業評価の目的は，学習の過程と結果をふり返り，学生も教師も含めた関係者全員で，より望ましい学習環境を創り上げ，学生一人ひとりの変化成長を促すことです。その意味で，評価活動は未来志向的な活動です。決して，学習結果によって個人やグループを区別し，順序づけるといった過去志向的な活動ではありません。これは協同による教育パラダイム（5章，p.90，スライド5-4）に依拠した見解です。

　協同学習では，グループでの活動も含め，一定の学習活動が終わった後，必ずその内容をふり返ることが求められています。この「活動の評価」は協同学習の基本要素にも含まれています。評価活動を伴わない学習活動は協同学習とは呼べません（5章，p.92，スライド5-6）。

　また，協同学習の一技法であるLTDにも，過程プランのstep 8「ふり返り」として，評価活動が組み込まれています（1章，p.9，スライド1-6）。このstep 8ではミーティングごとに学習活動をふり返り，よりよいミーティン

グを実現するために，予習も含め，LTDに関係するすべての学習活動を評価します。

このように，協同学習では学習活動の最後に，その学習活動に参加した学生自身が，自分たちの活動内容をふり返り，評価をします。その目的は，自分と仲間のより大きな変化成長を目指して，学習者自身で学習活動の質を高めることにあります。ここでの評価の主体者は学生です。

一方，学生自身ではなく，学生の支援を行う教師が主体者となり，学生の学習活動を評価することもあります。例えば，LTDを導入した授業科目の成果を確認するために，その授業科目の開始時と終了時で同じ調査を行い，その変化を検討したり，授業ごとに授業の終了時に授業記録紙を使って毎回評価をすることもできます。LTDミーティングの前後では「LTD記録紙」（付録6-1）への記入を毎回求めています。これらのデータは学生にも開示し，共有しますが，実証的なデータに基づく授業改善をめざした教師による評価活動といえます。

評価の主体者が学生であろうが，教師であろうが，評価活動の目的は同じです。すなわち，授業に参加している学生一人ひとりの変化成長を保証することです。そのために，活動内容や活動結果を実証的に評価します。その結果を手がかりに，より望ましい学習環境を創出することが最終的な目的です。

（2） 授業評価の種類

```
授業評価の種類

  □ 診断的評価
      □ LTD導入前の評価：事前テスト
  □ 形成的評価
      □ LTD実施中の評価：LTD記録紙
  □ 総括的評価
      □ LTD終了後の評価：事後テスト
                        成績評価
```

スライド 8-1　授業評価の種類

授業評価としては一般的に三種類の評価を区別できます。LTDを導入した授業場面（6章, p.108）を例に説明します。

①**診断的評価**　LTDを導入する授業科目の初めに，その授業で検討する評価対象について現状を理解するために測定します。診断的評価は，授業成果を検討する際のベースラインの役割も担います。この測定結果をグループ分け

の手がかりとして活用することもできます。

　②**形成的評価**　　LTDを導入した授業で，毎回の授業終了時に行う評価です。評価結果を手がかりに，その後の学習活動の改善に使います。LTDの場合，ミーティングごとに最後のstep 8「ふり返り」で学習活動の評価をしており，学習過程に形成的評価が組み込まれています。また，LTD記録紙も形成的評価の手がかりとなります。

　③**総括的評価**　　LTDによる変化を総合的に評価します。必要に応じて，学生一人ひとりの成績の判定を行います。その際，学生個人としての評価と集団としての評価を適切に組み合わせた評価を行うことにより，個と集団の関係を意識した評価になります。

（3）授業評価の対象

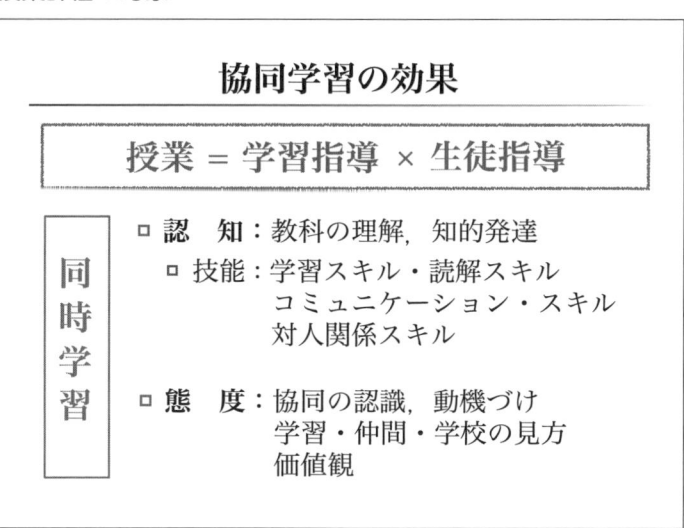

```
            協同学習の効果
    ┌─────────────────────────┐
    │    授業 ＝ 学習指導 × 生徒指導    │
    └─────────────────────────┘
         □ 認　知：教科の理解，知的発達
   同     □ 技能：学習スキル・読解スキル
   時              コミュニケーション・スキル
   学              対人関係スキル
   習
         □ 態　度：協同の認識，動機づけ
                  学習・仲間・学校の見方
                  価値観
```

スライド 8-2　協同学習の効果

　評価の対象は，授業の目的により異なります。特に協同学習を導入した授業では，協同学習に本来期待される学習効果が評価の対象となり得ます。スライド8-2に示したのが協同学習に期待される効果です。

　協同学習を授業に導入することにより，認知的側面と態度的側面の両方が同時に獲得されます（認知と態度の同時学習）。

　認知とは授業内容の理解や知識，さらにはスキルなどを含む認知能力全般を指します。協同学習により，認知の一側面を代表する学生の成績が，学力の高低にかかわらず，伸びることが知られています（バークレイら，2009）。また，学習スキル，読解スキル，コミュニケーションスキル，対人関係スキルなどのスキルも向上することが知られています（Mandel, 2003；安永・藤川，1998；安永・江島・藤川，1999）。

　態度には，協同に対する認識や，学びに対する動機づけ，学習や仲間や学校に対する見方など多様な側面が含まれます。協同学習を繰り返し行うことで，

協同に対する認識が改善し，学習に対する動機づけが高まり，学業や対人関係に対する認識が改善されます（長濱・安永・関田・甲原，2009；山田，2011）。

協同学習の最も大きなメリットは，認知と態度が同じ授業のなかで「同時」に獲得できるという点です。この同時学習は，小学校から大学までのどの段階の授業においても，また，授業内容にかかわらず，すべての領域の授業において認められます。表現を変えれば，一つの授業において学習指導と生徒指導が同時に行えるということであり，これまでの学習指導や生徒指導の考え方を大きく変える意味をもちます。

いずれにしても，協同学習を導入した授業においては，スライド8-2に示したすべての側面が評価対象となります。実際にどの側面を評価対象とするかは，授業の目的により決定されます。

協同学習の一方略であるLTDに関しても，スライド8-1に示した側面が測定対象となります。また，重複する部分もありますが，1章のスライド1-10と1-11（ともに，p.12）で示した効果も期待できます。授業目的に応じて，これらの幾つかを授業評価の対象として測定することができます。

2．授業評価の方法

授業評価の対象が決まれば，それに相応しい評価方法を工夫する必要があります。以下，スライド8-2に示した側面ごとに評価方法の一例を列挙します。これらは筆者が授業でよく使用している方法です。

（1） 認知（学習成績）の評価方法

LTDも含め，協同学習を導入した授業の最終目的は「確かな学力」の育成にあります。したがって，授業科目の理解，つまり学習成績の評価が基本となります。学習成績を評価する最もなじみ深い方法は，学習課題についての個別テストです。その結果をそのまま個人の成績とすることができます。7章で紹介した小学生を対象とした分割型LTDの成績は，個別テストの結果として示しています。

協同学習を導入した授業ではグループ活動が中心となります。グループに対する貢献度や，その結果としてのグループ全体の成績を個人の成績にも加味すべきだという意見もあります。

一つの方法として，グループ全体の成績を算出して，個人の成績に加算する方法があります。例えば，学習課題について個別テストを実施し，グループごとに成績を集計します。そして，グループとして一定の得点を超えた場合，それに応じたボーナス点を個人の成績に加算するという方法です。この評価方法は，グループに貢献することがメンバーの学びを促し，自分自身の学びにもなるという協同学習の基本理念を意識させる手立てといえます。しかし，この方法ではグループ間にもともと成績差があり，不公平が生じる可能性があります。この不公平感をなくすために，グループ活動の前後で学習課題についての個別

テストを行い，その伸びでグループの得点を算出し，個人の成績に加算するという方法も考えられます（STAD，ジョンソンら，2001）。

　ここで問題となるのが，個人成績を算出する際，どの程度グループの成績を加味すべきかという問題です。結論からいえば，どの程度加味すべきかについての明確な基準はありません。唯一の判断規準は授業目的です。学生一人ひとりの理解を促進することが授業の最終目的であるならば，個人の成績にグループの成績を加えることは望ましくありません。一方，協同による問題解決能力や協調性などの育成を目的としている授業であれば，個人の成績にグループの成績を加味しても構いません。その場合でも，グループの成績を加味する程度は，担当教師の判断に任されます。教師は授業目的を考慮しながらその割合を決めることになりますが，その割合は授業の初めに学生に開示しておく必要があります。

（2）態度や技能の評価方法

```
個人特性の測定尺度

① ディスカッション＝イメージ尺度
② ディスカッション＝スキル尺度
③ コミュニケーション不安尺度
④ 思考動機尺度
⑤ 協同作業認識尺度
⑥ 大学への適応感尺度
```

スライド8-3　個人特性の測定尺度

　協同学習により態度や技能も変化します。その側面は多様であり，どの側面を評価対象にするかにより測定方法が変わります。ここではLTDを導入した授業で筆者らが比較的よく使っている尺度を紹介します。

　スライド8-3に示した測定尺度は，診断的評価として学生の個人特性を測定する尺度です。LTDを導入した授業の前後で診断的評価として使うことにより，これらの尺度で測定できる個人特性がLTDに依拠した授業を経験することで，どのように変化するかを検討することができます。

　なお，下記の尺度は大学生を対象に開発されたものですが，②ディスカッション＝スキル尺度，⑤協同作業認識尺度，⑥大学への適応感尺度に関しては，小学校高学年から使える小中学生版が作成されています（山田，2011）。

　①ディスカッション＝イメージ尺度（安永・藤川，1998，付録8-1）　　デ

ィスカッションに対する情緒的意味を「積極性」「親和性」「重大性」の3側面から捉えることができます。「積極性」はディスカッションをどれほど活発な活動として捉えているか，「親和性」はディスカッションをどれほど身近に感じるか，「重大性」はディスカッションをどれほど大切な活動と見なしているかを表します。

②ディスカッション＝スキル尺度（安永・江島・藤川，1999，付録8-2）ディスカッションに必要なスキルを自分自身がどれだけうまく使えると思っているかを知ることができます。測れる側面は，話し合いの流れを適確に把握しながらマネジメントできるという「場の進行と対処」，話し合いに積極的に関与し，自分の意見を述べられるという「積極的関与と自己主張」，他者の状態を正しく理解でき，適切に対応できるという「他者への配慮と理解」，参加者が話し合える場面づくりができるという「雰囲気づくり」の4側面です。

③コミュニケーション不安尺度（McCrosskey, 1978, 付録8-3）　この尺度は，小グループ，集会，会話，スピーチの各場面で話すことに対してどれだけ不安を感じるかを測定します。場面ごとの不安得点と全体としての不安得点が算出されます。

④思考動機尺度（Petty & Cacioppo, 1982／安永・甲原，1994，付録8-4）思考動機とは考えることに対する動機づけの強さを表します。思考動機が高い人ほど，解決に努力が必要な認知課題を自発的に試み，楽しむことができます。つまり「考えること」に対する内発的動機づけが高いといえます。

⑤協同作業認識尺度（長濱・安永・関田・甲原，2009，付録8-5）　協同作業場面をどのように捉えているかを測定する尺度です。これまでの研究知見から，日本人は協同作業を基本的に望ましいものとみており，肯定的側面の捉え方にはほとんど個人差がありません。一方，否定的側面の捉え方には個人差があり，協同作業に対する認識は個人がどのように否定的側面を捉えているかに強く影響されていることが分かっています。

⑥大学への適応感尺度（出口・吉田，2005，付録8-6）　この尺度は大学適応への主観的な認識を測定できます。対人関係に対する適応と学業に対する適応の二側面を測定することができます。

3．LTDに関連した評価方法

これまで述べてきた評価の対象や方法はLTDを組み込んだ授業においても使えます。ここでは，LTDを導入した授業において筆者らが利用している評価方法を紹介します。

（1）　LTD記録紙の活用

①LTD記録紙の構成　　LTDミーティングの記録を残し，形成的評価の手がかりとするために，付録6-1にあげたLTD記録紙を利用しています。実際のLTD記録紙はA4判用紙横2段組1枚に収まるように作成しています。

LTD 記録紙の構成は大きく事前調査と事後調査に分かれています。事前調査では予習の程度や学習課題の理解度，ミーティングに対する意気込みなど，ミーティング直前の参加者一人ひとりの状態を把握する項目を準備しています。

　事後評価はミーティングが終了した後に行います。step 8 でミーティングの評価をメンバーと話し合ったのち，メンバー一人ひとりが個人の視点で事後調査に答えます。事後調査 1 の内容は事前調査の内容と一部対応しており，個人と集団の側面を聞いています。事後調査 2 は，協同学習において大切にしている「集団への貢献」についての自己評価と他者評価を求めています。そして最後に，ミーティングや課題文などについての意見や感想，質問などを自由に書いてもらっています。なお，自由記述の欄はできるだけ広くとることをお勧めします。記述欄が広いほどたくさん書いてもらえます。

　LTD 記録紙に含める項目はミーティングに期待している効果や授業の目的，さらには教師の問題意識に応じて自由に変更してください。付録 6-1 にあげた LTD 記録紙は一例に過ぎません。

　②評価にあたっての注意　　多くの学生は自分や仲間を評価することに慣れていません。そのために対人関係を意識した評価になりがちです。例えば，貢献度を 100 点満点で評価するとき，自分は 70 でほかのメンバーは全員 80 といった評価を行う学生がいます。そんな学生には「ほかの仲間の貢献度が皆同じということは，仲間一人ひとりを一人の人間として認めていないということです。一人ずつ顔かたちが違うようにミーティングへの貢献度も違って当たり前です。一人ひとりをきちんと見て，できるだけ客観的に評価することが仲間に対する礼儀です。客観的に評価できる能力はとても大切な能力です。LTD 記録紙はその訓練も含んでいます。できるだけ客観的に評価してください」と伝えています。

　また，自分の評価を仲間よりも低く評価する学生には次のような話をします。「日本人は他者を高く評価し，自分を低く評価する傾向があります。これは人間関係を配慮したものです。でも，自分の能力を高めるという観点から見たら良くありません。例えば，実際には 10 ある能力を 8 と低く評価し続けると，9 程度の能力を必要とする課題にしか挑戦しなくなり，結局は能力が落ちてしまいます。過小評価のみならず過大評価も，実際の能力を超えた難しい課題に挑戦するために失敗を重ねる結果となり，動機づけを低下してしまいます」。このような話を通して，客観的評価の大切さを説いています。多くの学生は指摘されれば理解し，自分の評価態度を改めることができます。

　③「授業通信」の発行　　LTD 記録紙の自由記述欄に書かれた内容を中心に，評価内容も含めて授業参加者全員で共有しておく必要のあるものは，授業のなかで取り上げ説明します。しかし，LTD ミーティングを導入した授業では教師に割り当てられた説明時間は限られています。そこで，学生とのコミュニケーションを活性化するために「授業通信」を活用しています（安永，2012）。LTD 記録紙に書かれた学生の意見や感想や質問を取り上げ，それに対するコメントを書いて次回の授業で配付するという方法です。この方法は

LTDの授業のみならず一般の授業でも有効です。学生との対話ツールとしてだけではなく，授業の記録としても，また授業改善にも役立つ方法です。付録8-7に一例を載せていますので参考にしてください。

（2） 貢献度評価のフィードバック

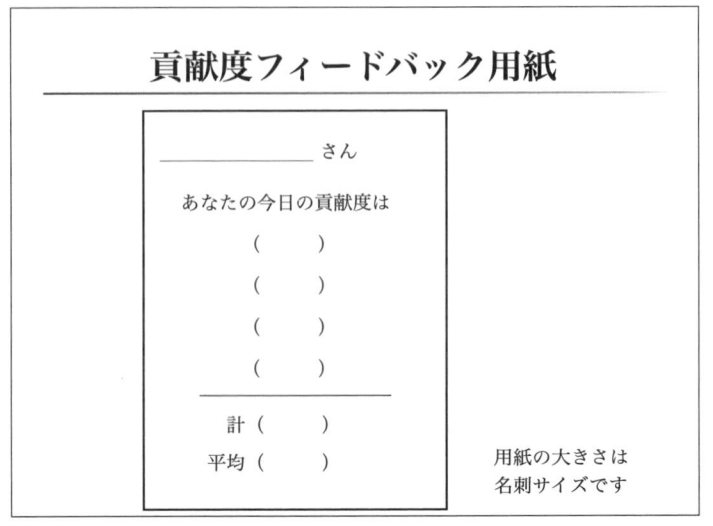

貢献度フィードバック用紙

_____ さん
あなたの今日の貢献度は
（　　）
（　　）
（　　）
（　　）
計（　　）
平均（　　）

用紙の大きさは名刺サイズです

スライド 8-4　フィードバック用紙

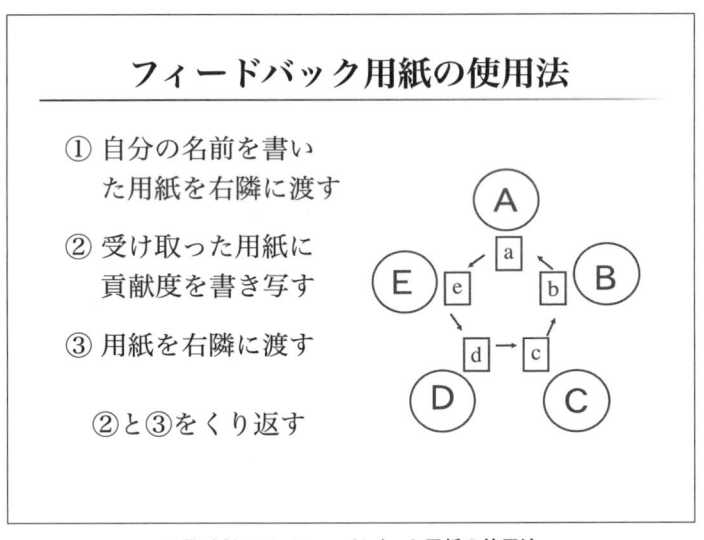

フィードバック用紙の使用法

① 自分の名前を書いた用紙を右隣に渡す
② 受け取った用紙に貢献度を書き写す
③ 用紙を右隣に渡す
②と③をくり返す

スライド 8-5　フィードバック用紙の使用法

　LTD記録紙には，自分自身も含め，ミーティング＝グループの全メンバーの貢献度を評価する項目があります。記録紙は一人ひとりが記入するので，自分自身の貢献度を他の仲間がどのように捉えているか，そのままでは分かりません。そこで，フィードバック用紙を使って仲間が行った自分自身に対する評価を集めます。そのときに使っているのが，スライド8-4のフィードバック用

紙です。用紙の大きさは名刺サイズです。

この用紙を使ったフィードバックの手順は次の通りです。

ⅰ．自分の名前を書いた用紙を右隣の仲間に渡す。

ⅱ．受け取った仲間の用紙に，その仲間に対する評価を転記する。
　　上から順番に詰めて書く必要はない。

ⅲ．転記が終わったら，その用紙をまた右隣の人に渡す。

上記のⅱとⅲを繰り返して，自分の用紙が仲間を一巡して手元に戻ってくると，ミーティングを一緒に行ったメンバーから，自分に対する貢献度評価を得ることができます。

仲間が客観的に行った他者評価であれば評価を受けた仲間も納得のいく結果になっています。しかし，時に納得のいかない評価を受けることがあります。どうしても納得がいかないときは，メンバーと話し合う必要があります。できれば評価を得た直後が一番いいと思います。時間が取れなければ，適切な機会を捉えて，話し合ってください。メンバーと話し合い，納得することが大切です。

（3） LTDと各尺度の関係

LTDを導入した授業で，LTDミーティングを始める前と，数回のミーティングを経験した後で上記の尺度ごとに比較すると，LTDの効果が確認できます。ディスカッションに対するイメージや話し合いスキルは改善され，スキルの評価は正確になります。小グループ場面におけるコミュニケーション不安のみならず，ほかの場面における不安も低下します。協同作業に対する否定的な見解が改善されます。

また，思考動機が高い人ほど，話し合いで必要となるディスカッション＝スキルを上手く使えると捉えていることが確かめられています（安永・甲原・藤川，1999）。

4．まとめ

教育における評価は，教育の改善にとって不可欠な活動です。主観的な評価ではなく，客観的なデータに基づいた授業改善が求められています。

本章では，グループ活動を組み込んだ授業の評価方法について述べました。特にLTD話し合い学習法の実践を前提とした授業で，筆者らが活用している方法を中心に紹介しました。説明でもふれましたが，授業評価は，授業の目的に依存します。授業目的の達成度を測定する方法や，授業方法を評価する方法は多様です。検討対象の授業目的を常に意識しながら，適切な方法を工夫してください。本章で紹介した方法はあくまでも一例に過ぎません。

引用文献

秋山秀樹（1995）．がん患者におけるインフォームド・コンセント．現代のエスプリ，10, 77-85.
アイルソン，J.・ハラム，S.（2006）．個に応じた学習集団の編成．杉江修治・石田裕久・関田一彦・安永　悟（訳）ナカニシヤ出版.
バークレイ，E.F.・クロス，K.P.・メジャー，C.H.（2009）．協同学習の技法：大学教育の手引き．安永　悟（監訳）ナカニシヤ出版.
Bandura, A. (1997). *Self-efficacy: The exercise of control*. New York: Freeman.
Berger, C. R., & Calabrese, R. J. (1975). Some explorations in initial interaction and beyond: Toward a developmental theory of interpersonal communication. *Human Communication Research*, 1, 99-112.
出口拓彦・吉田俊和（2005）．大学の授業における私語の頻度と規範意識・個人特性との関連：大学生活への適応という観点からの検討．社会心理学研究，21, 160-169.
藤田　敦・藤田　文・安永　悟（2000）．LTD話し合い学習法の短期大学『基礎ゼミ』授業への適用．大分大学教育福祉科学部附属教育実践研究指導センター紀要，18, 37-50.
古庄　高（2013）．LTD話し合い学習法．初年次教育学会（編）　初年次教育の現状と未来．世界思想社，pp.237-249.
堀内　孝・藤田哲也（2001）．記憶の自動的利用・意図的利用における自己関連付け効果．心理学研究，72, 121-127.
出光佐三（2013）．マルクスが日本に生まれていたら．〈新版〉　春秋社.
ジェイコブズ，J.・パワー，M.・イン，L.W.（2006）．先生のためのアイディアブック．関田一彦（監訳），伏野久美子・木村春美（訳）　日本協同教育学会（ナカニシヤ出版）.
ジョンソン，D.W.・ジョンソン，R.T.・スミス，K.A.（2001）．学生参加型の大学授業：協同学習への実践ガイド．関田一彦（監訳）　玉川大学出版部.
梶田叡一（1994）．教育における評価の理論Ⅱ：学校学習とブルーム理論．金子書房.
梶田叡一（2008）．新しい学習指導要領の理念と課題：確かな学力を基盤とした生きる力を．図書文化.
Kagan, S. (1994). *Cooperative learning*. California: Resources for Teachers.
河村茂雄（2007）．たのしい学校生活を送るためのアンケートQ-U　実施・解釈ハンドブック．図書文化社.
King, A. (1993). Effects of guided cooperative questioning on children's knowledge construction. *Journal of Experimental Education*, 61(2), 127-148.
釘原直樹（2013）．人はなぜ集団になると怠けるのか：「社会的手抜き」の心理学．中公新書.
McCroskey, J. C. (1978). Validity of the PRCA as an index of oral communication apprehension. *Communication Monographs*, 45, 192-203.
Mandel, S. M. (2003). *Cooperative work groups*. Califoronia: Corwin press.
丸山真名美（2013）．「児童学専門演習Ⅰ」におけるLTD話し合い学習法の実践：平成22年度後期におけるグループ研究における試み．至学館大学教育紀要，15, 45-62.
峯島道夫（2014）．協同学習を取り入れた大学での英語授業：LTD話し合い学習法による効果の検証．中部地区英語教育学会『紀要43』，281-286.
長濱文与・安永　悟・関田一彦・甲原定房（2009）．協同作業認識尺度の開発．教育心理学研究，57, 24-37.
中島義道（1997）．〈対話〉のない社会．PHP新書.
日本経済新聞（2011）．「話し合い学習」学生に意欲．10月10日朝刊
野口悠紀雄（1993）．「超」整理法―情報検索と発想の新システム．中央公論社.
OECD (2000). *Measuring student knowledge and skills: The PISA 2000 assessment of reading, mathematical and scientific literacy.*
大村はま（2003）．教師大村はま96歳の仕事．小学館.
Petty, R. E., & Cacioppo, J. T. (1982). The need for cognition. *Journal of Personality and Social Psychology*, 42, 116-131.
Rabow, J., Charness, M. A., Kipperman, J., & Radcliffe-Vasile, S. (1994). *Willam F. Hill's Learning through Discussion*. California: Sage. 丸野俊一・安永　悟（共訳）（1996）．討論で学習を深めるには―LTD話し合い学習法―．ナカニシヤ出版.
齋藤　孝（2002）．三色ボールペンで読む日本語．角川文庫.
佐々木美奈子（2013）．協同学習で学生が変わる―学生の学び合いと教師の同僚性―　看護教育，54(8), 656-661.

佐藤　学（2004）．習熟度別指導の何が問題か．岩波ブックレット No. 612，岩波書店．
関田一彦・安永　悟（2005）．協同学習の定義と関連用語の整理．協同と教育，1，10-17．
鹿内信善（2013）．協同学習ツールのつくり方いかし方：看図アプローチで育てる学びの力．ナカニシヤ出版．
Smith, K. A. (1996). Cooperative learning: Making "group work" work. In T. E. Sutherland & C. C. Bonwell (Eds.), *Using active learning in college classes: A range of options for faculty* (pp. 71-82). *New Directions for Teaching and Learning*, No 67. San Francisco: Jossey-Bass, 1996.
ソレンティノ，R. M.・ロニー，C. J. R.（2003）．未知なるものに揺れる心：不確定志向性理論からみた個人差．安永　悟・大坪靖直・甲原定房（訳）　北大路書房．
須藤　文（2012）．輪，話，ワッ！．太宰府市立太宰府東小学校「指導方法工夫改善」通信，第 5 号，7 月 9 日発行．
須藤　文・安永　悟（2009）．LTD 話し合い学習法を活用した授業実践の試み：小学 5 年生国語科への適用．協同と教育，5，12-22．
須藤　文・安永　悟（2010）．話し合いを意図した「予習」が道徳学習に及ぼす効果．協同と教育，6，34-43．
須藤　文・安永　悟（2011）．読解リテラシーを育成する LTD 話し合い学習法の実践：小学校 5 年生国語科への適用．教育心理学研究，59(4)，474-487．
須藤　文・安永　悟（2014）．LTD 話し合い学習法を活用した授業づくり：看護学生を対象とした言語技術教育．初年次教育学会誌，1，78-85．
杉江修治（1999）．バズ学習の研究―協同原理に基づく学習指導の理論と実践．風間書房．
杉江修治（2011）．協同学習入門：基本の理解と 51 の工夫．ナカニシヤ出版．
東京書籍（2005a）．新しい国語　五下　pp. 56-61．
東京書籍（2005b）．新しい国語　五下　教師用指導書　研究編　pp. 115-145．
山田慧美（2011）．協同の認識と学校適応の関係：中 1 ギャップをてがかりに．久留米大学大学院心理学研究科修士論文．
安田利枝（2008）．LTD 話し合い学習法の実践報告と考察：学ぶ楽しさへの導入という利点．嘉悦大学研究論集，51(1)，117-143．
安永　悟（1995）．LTD 話し合い学習法の導入：参加者の評価と指導上の注意点．久留米大学文学部紀要（人間科学科編），7・8，49-69．
安永　悟（1999a）．LTD 話し合い学習法の大学教育への適用．久留米大学文学部紀要，15，45-47．
安永　悟（2005）．LTD 話し合い学習法と不確定志向性．溝上慎一・藤田哲也（編著）　心理学者，大学教育への挑戦．ナカニシヤ出版，pp. 122-152．
安永　悟（2006）．実践・LTD 話し合い学習法．ナカニシヤ出版．
安永　悟（2009）．協同による大学授業の改善．教育心理学年報，48，163-172．
安永　悟（2011）．LTD 話し合い学習法と不確定志向性．杉谷祐美子（編）　大学の学び：教育内容を方法．玉川大学出版部，pp. 267-290．
安永　悟（2012）．活動性を高める授業づくり：協同学習のすすめ．医学書院．
安永　悟（2013）．協同学習：授業づくりの基礎理論．初年次教育学会（編）　初年次教育の現状と未来．世界思想社，pp. 69-81．
安永　悟・藤川真子（1998）．ディスカッション・イメージ尺度の再検討．久留米大学文学部紀要（人間科学編），12・13，33-41．
安永　悟・江島かおる・藤川真子（1999）．ディスカッション・スキル尺度の開発．久留米大学文学部紀要（人間科学編），12・13，43-57．
安永　悟・甲原定房（1994）．不確定性への志向性：その測定法と妥当性の検討．久留米大学文学部紀要（人間科学科編），5・6，35-45．
安永　悟・甲原定房・藤川真子（1999）．ディスカッション・スキル運用能力と思考動機との関係．久留米大学文学部紀要（人間科学編），14，63-73．
安永　悟・清水順子（1988）子ども同士の相互作用による認知操作の変化：進行モデルによる分析を中心に．久留米大学論叢，36，285-294．
吉崎静夫（2009）．デザイナーとしての教師　アクターとしての教師．金子書房．

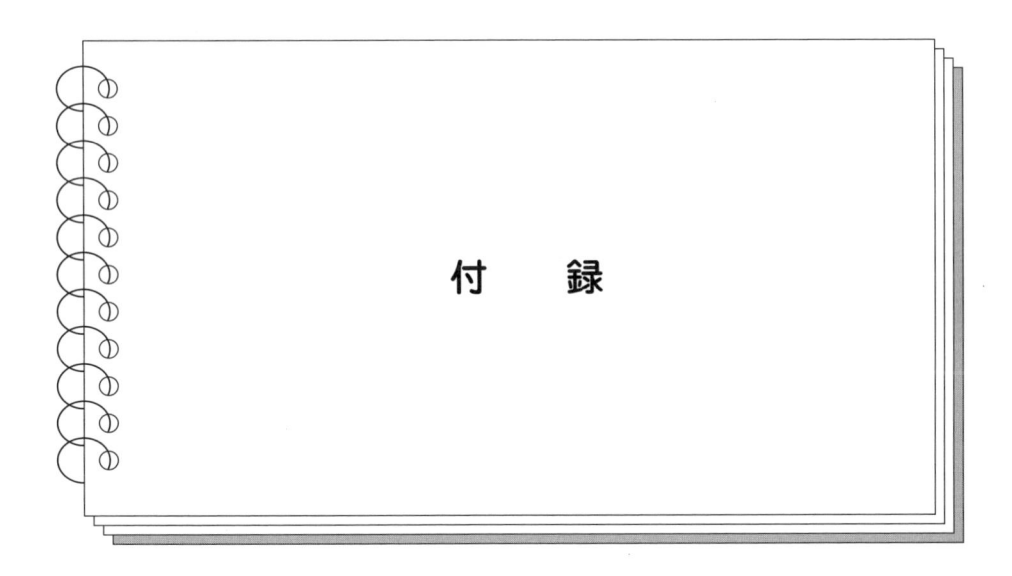

付　　録

付録 2-1 （課題文）

大学での学び方

安永 悟
（久留米大学）

キーワード：大学教育，学習法，記憶，思考

　大学に相応しい学び方を皆さんは知っていますか。大学で求められる学び方とは，覚えることを基礎にした思考中心の学び方です。確かな学力の獲得と自己の変化成長をもたらす深い学び方ともいえます。以下，詳しく見ていくことにしましょう。

1．覚える学習と考える学習

　「大学での勉強は答えを見つけることではない。問いを創ることである」という意見を聞いたことがあります。一体，どういうことでしょうか。
　「答えを見つける」勉強とは記憶中心の勉強であり，覚える学習です。この典型例が受験勉強です。受験勉強では教科書や参考書に書かれた正解を一つでも多く記憶し，問われたら誰よりも早く思い出す。これが受験勉強の基本原理です。正解に疑いを挟む余地はありません。記憶力の善し悪しが成績と直結します。わたしたちがこれまで慣れ親しんできた学習です。「学習＝記憶」と考えている人も多いでしょう。
　ところが先の意見では「答えを見つける」勉強すなわち記憶中心の勉強は，大学では相応しくないと否定しています。「学習＝記憶」と思いこんでいた人にとっては一大事です。
　一方「問いを創る」勉強とは思考中心の勉強であり，考える学習です。例えば，大学での勉強について先の意見を聞いた学生が「答えを見つけるとは？」「問いを創るとは？」と疑問を感じ，意見の背後に秘められた真意を問い始める。これが考える学習の始まりです。たとえ先生の説明であっても，説明を鵜呑みにするのではなく，少しでも疑問を感じたら，その疑問を大切にし，積極的に取り上げ，「なぜ」「どうして」と問い続けることが「問いを創る」勉強です。
　考える学習は覚える学習とは比較にならない厳しさがあります。考える学習では他者の説明を鵜呑みにすることは決して許されません。常に自分の言葉に置き換え，自分の言葉で考え，問い続けることが求められます。単に答えを覚えるといった記憶中心の勉強にはない厳しさがあります。

2．問い続ける学習

　とりわけ大切なことが「問い続ける」ことです。より深い理解に向けて問い続けることが考える学習の神髄です。少しでも疑問を感じたら辞典や辞書で調べる。関連する書物を読む。自分に問い，自分と対話する。そして仲間に問い，仲間と対話する。これらの方法で正答らしきものが見えてきたとしても，果たしてそれは本当に正しい答えなのであろうか，真実であろうかと，常識にとらわれることなく，厳しく問い続ける。さまざまな形で問い続けることが考える学習です。
　問い続けることでより深い理解に達したとき，想像を絶する喜びを実感できます。一度この喜びを経験した人は，学ぶ喜びに魅せられ，さらに学び続けたいと思います。大学での「学び」はこうあって欲しいものです。

3．望ましい学び方

　覚える学習と考える学習を対比すると，前者が悪くて後者が良いと判断されがちです。しかし，それは間違いです。大学においても覚える学習は大切な学び方です。外国語を学ぶとき，文法や単語をしっかり覚えておかないと簡単な会話さえできません。どの分野でも専門内容を検討するためには数多くの基礎知識が必要となります。基礎知識を正しく理解し，記憶しておかなければ高度な専門内容について語れません。覚える学習は考える学習の基礎となる重要な学習です。

　大学では，覚える学習を否定しているのではありません。否定しているのは記憶を目的とした学習です。試験対策のためだけに覚えた内容は，多くの場合，試験が終わるとすぐに忘れられます。自分との関わりが薄く，学ぶ価値を見つけにくい内容は機械的に覚えるしかありません。それだけに苦痛であり，やる気が起きません。結果として，記憶することを目的とした学習は勉強嫌いをつくりだす危険性を常にはらんでいます。本来，学習には語り尽くせないほどの喜びが伴うものです。勉強嫌いを作りだす学習は根本的に間違っています。

　望ましい学習は，基礎的な内容を正しく理解し，常に考え，問い続ける学習です。考え，問い続けることにより理解と記憶は必然的に深まります。考える学習では，記憶することを深く意識しなくても，理解の過程で，さほど抵抗もなく自然と覚えられます。このような学び方は学習者にとっては苦痛ではありません。むしろ喜びとなります。そこでは覚える学習と考える学習が有機的に結びつき，力動的に影響し合いながら学習過程が展開します。

4．考える学習の工夫

　大学生には，考え，問い続ける学習が求められています。それではどのように実践すればいいのでしょうか。一例として，自分の言葉で語り，仲間と対話する方法を紹介します。

（1）　自分の言葉で語る方法

　考えるとは自分の言葉に翻訳することです。わたしたちは自分の言葉で毎日生活しています。何かを考えるとき，日々の生活で使っている言葉で考えています。例えば，分からないことがあると「つまり，……ということかな？」と自分の言葉に置き換えて理解しようとしています。これが考える学習の基本です。

　大学では難しい専門用語がたくさん出てきます。専門用語を正しく理解することが学問の基本です。専門用語の説明を読んだり聞いたりしても，直ぐには理解できないかもしれません。そんなとき，その難解な説明を自分が普段使っている言葉に置き換えてみてください。必ずしもすべてを言い換えることはできないかもしれませんが，挑戦してみてください。きっと理解が進みます。自分の言葉で述べ直すことは，それ自体，既に考える学習になっています。

（2）　仲間と対話する方法

　人が最も活発に考えているのは仲間と対話しているときだといわれています。一人で本を読んでいるときよりも，人の話を聞いているときよりも，人に話をしているときよりも，何かを書いているときよりも，仲間と話し合っているとき，人の脳は最も活発に働いていることが知られています。

　自分では理解できたと思っている内容でも，相手にうまく説明できないという経験はよくあります。相手から分からないといわれれば，伝えたい内容を再度吟味し，相手に伝わりやすい方法で説明し直す必要があります。また，仲間との話し合いを通して，新しい他者の視点から考え直すことにより，わたしたちの理解は広がり，深まります。そのとき，わたしたちの頭はフル回転しています。

　このように仲間との対話はわたしたちに多くの考える機会を与えてくれます。大学にはさまざまな才能をもった個性豊かな仲間が数多くいます。彼らとの積極的な対話を通して，考える学習を展開してみてください。

5．変化成長をもたらす学習

　学習者に変化成長をもたらすのが本来の学習です。記憶を目的とした学習だけでは大きな変化成長は望めません。学びの結果だけでなく，学びの過程に深く関与し，仲間との対話を通して自分の言葉で考え続ける学習によって，初めて人は変化成長します。

　学ぶとは変化することです。学びにより成長します。変化成長のない学びは学びではありません。学んで成長した自分を発見すると，とても大きな喜びがあります。この喜びが次の学びをさらに推し進めます。考える学習を常に心がけ，学び続けることにより，皆さん一人ひとりが大きく変化成長することを期待しています。

（了）

付録 2-2

予習ノート例

安永（2014）［copy140501］　1/3

安永　悟（2014）．大学での学び方．安永悟・須藤文（著）「LTD 話し合い学習法」ナカニシヤ出版　pp. 147-149.

キーワード　大学教育，学び方，記憶，思考

　　　　　　　　　作成者　：久米　文（214QA99）　作成日：2014 年 5 月 2 日（木）
　　　　　　　　　グループ名：紅の豚（G7）　ミーティング日：5 月 7 日（木）2 限目

1．予習内容

Step 2：言葉の理解

　学習　：①学びならうこと。勉強。②心理学で，同じ条件が繰り返される結果，行動のしかたが定着すること。Learning.（日本語大辞典）
　勉強　：①精を出してつとめること。②学問や技術を学ぶこと。経験を積んで学ぶこと。（広辞苑）
　有機的：有機体のように，多くの部分が集まって 1 個の物を作り，その各部分の間に緊密な統一があって，部分と全体とが必然的関係を有しているさま。（広辞苑）
　力動　：力強く動くこと。（大辞林）
　鵜呑み：①鵜が魚を呑むように，噛まずに呑み込むこと。まるのみ。②人のいうことなどを，よく検討・理解せずにそのまま採り入れること。（広辞苑）

Step 3：主張の理解

　　大学で求められている学習は記憶のみを目的とした学習ではない。基礎的な内容を正しく理解し，それに基づき，真実を求めて考え続ける学習が求められている。主体的に考える学習を通して一人ひとりが変化成長することが期待されている。

Step 4：話題の理解

話題 1：望ましい学び方
　　　基礎的な内容をしっかりと記憶して，その基礎的な知識に沿って考える，すなわち覚える学習と考える学習を組み合わせた学習が望ましい。記憶だけを目的とした覚える学習は勉強嫌いを作り出すので望ましくない。

話題2：覚える学習と考える学習
　　覚える学習は記憶中心の学習で，先生の言ったことを鵜呑みにする学習。正しい答えをできるだけたくさん記憶して，必要に応じてできるだけ速く思い出せるようにする訓練。考える学習とは思考中心の学習で，真実を求めて問い続ける学習。

話題3：考える学習の工夫
　　難解な説明も，自分がふだん使っている言葉に置きかえてみると理解が進む。また，仲間と話し合っているときに，人の脳は一番活性化されているので，積極的に仲間と対話することを心がけると良い。

Step 5：知識との関連づけ
関連づけ1
　ベース　　　：覚える勉強から考える勉強へつなげた学習が一番望ましい学習法である。
　ターゲット　：いままで覚える勉強はただ単に悪いと思っていた。
　関連づけ　　：受験勉強の弊害として覚える勉強が常に攻撃されていたので，悪い勉強法というイメージが強かった。覚える勉強の大切さが分かった。

関連づけ2
　ベース　　　：考える勉強の方法として自分の言葉で述べ直す。自分の言葉で述べ直すと理解が進む。
　ターゲット　：大学院の院試攻略の参考書にも，勉強方法として概論書にある専門用語や内容を自分のことばでまとめて要約することを薦めていた。
　関連づけ　　：自分の言葉で述べ直すためには，何度も読んで要点を把握する必要がある。そういう作業を行うからこそ，理解が進むのだと思った。

関連づけ3
　ベース　　　：人が一番考えるのは，他者と対話するとき。
　ターゲット　：ある先生が「人の話をちゃんと聞くのは難しい」と言っていた。
　関連づけ　　：人と話すときや聞くときは，真剣に聞かないと意見が言えないし，考えをまとめてから話さないと相手に分かりにくい。だから話を聞くのは難しい。人との対話が一番考えるということがよく分かった。

Step 6：自己との関連づけ
関連づけ1
　ベース　　　：「問い続ける」ことが理想的な学習態度である。
　ターゲット　：学習では常に正解および真実を受け入れ，それが絶対だと理解し，記憶しなければならないと思っていた。

安永（2014）［copy140501］　3/3

　　関連づけ　：正解が常にすべてであり，それを疑っていても時間の無駄であると考えていた。ひとつでも多くの解き方・答えを覚え，常に先へ先へという学習態度であった。むろん疑問があって質問したことはあるが，それは解き方の問題であって，答えそのものを疑ったことは一度もなかった「なぜ」と常に積極的に真実を追い求めること，これが柔軟な考え方や幅広い視野をもつためにも重要な学習態度であることが理解できたので，自分自身，もっともっと積極的になりたいと思う。

関連づけ2
　　ベース　　：自分では理解できたと思っている内容でも，相手に上手く説明できないという経験はよくある。
　　ターゲット：実際の授業で同じような経験をした。
　　関連づけ　：先生から，ある言葉の説明を求められた。何度も聞いている言葉なので，自分では上手く説明できると思っていたのだが，いざ説明を始めてみると，断片的な単語の再生のようになってしまった。聞くだけではほとんど理解していないことがよく分かったし，相手に「よく分かったよ」と言われるくらいうまく説明できないと，本当に理解したとは言えないと思った。だから，いろいろな場面で，積極的に友達に説明するということを心がけたい。

Step 7：課題の評価
　　理論的背景に裏打ちされた内容のように思える。言葉の言い回しをひとつとっても，その背景に広い世界が広がっている感じがする。新入生が読んでも分かりやすく書かれている。このような意味で素晴らしい内容である。
　　ただ，局所的に内容が重複している所がある。このような点を整理すれば，もっと良くなるのではないかと感じた。
　　「学び方」「学習」「勉強」という似たような意味の単語が多数出てきて分かりにくい。使い分けが読者にはっきり伝わるような書き方をすると良いと思う。

2．引用文献
松村　明（2013）大辞林第三版．三省堂．
新村　出（2008）．広辞苑第6版．岩波書店．
梅棹忠夫・金田一春彦・阪倉篤義・日野原重明（1989）．日本語大辞典．講談社．

3．ミーティング後の記録

予習ノートの工夫

　LTDでは予習ノートを作ります。その目的は課題文の理解を深めることに加え，ミーティングを円滑に進めるための手がかりにするためです。ミーティングでは課題文は見ません。予習ノートを手がかりにグループのメンバーと討論します。

　予習ノートに含めるべき内容は2章で紹介した通りですが，予習ノートの書式は決まっていません。各自で工夫を凝らしてください。付録2-2に示した予習ノートは，筆者が工夫した一例です。LTDの予習ノートですから，当然ながら，過程プラン8ステップに沿った構成になっています。これが予習ノートの中心部分です。これに加えて，課題文の管理保存に役立つ情報や書式を整えました。具体的な工夫内容を以下に列記します。

　なお，予習ノートの作成にはパソコンを使っています。パソコンで作成すると，予習ノートの修正や管理保存，さらには検索が簡単になります。印刷するときには資料整理の観点からA4判用紙を使っています。現在，多くの書類がA4判で作られています。同じA4判用紙を使うと予習ノートの管理保存が容易になります。

　①課題文の出典　　課題文の出典を明記しています。書式は専門学術誌の引用文献の書き方に従っています。こうしておくと，レポートや論文を作成するとき，コンピュータのコピー＆ペースト機能を使って簡単に文献リストを作成できます。なお，付録2-2に示した出典の書き方は，心理学で一般的に使われている書式です。専門分野によって書式が違うので，各自の専門分野で一般的に用いられている書式を確認してください。

　②キーワード　　課題文の内容を端的に表した単語のことをキーワードといいます。文献を整理するときや，多くの文献のなかから必要な文献を探し出すときに便利です。課題文にキーワードがあればそれを使います。キーワードがなければ，課題文を読み込んだうえで適切な言葉を三つから五つほど考えます。

　③ヘッダーの活用　　ヘッダーに「安永（2014）[copy 140501] 1/3」という表記が見えます。これは順に「課題文の略記，課題文の種類と入手日，ページ数/総ページ数」を表しています。これらの情報をやや大きめの文字でヘッダーに書き加えることで，必要としているレジュメを探し出すのに便利です。ヘッダーにどのような情報を加えるかは各自で工夫してください。

　④ノート作成情報　　授業でLTDを実践するとき，予習ノートの提出が求められることがあります。そのためにもノート作成者の氏名（学籍番号），作成日とミーティングの実施日，それにグループの名前と番号を書いています。

　⑤引用文献　　最後に引用文献の欄を設けています。予習ノートを作成するときに使った文献を書いておきます。ここでも，正式な書式を使って書きます。

　⑥ミーティング後の記録　　予習ノートではありますが，ミーティングが終わった後，個人的に予習とミーティングをふり返り，LTD実践の記録を残すことをお勧めします。過程プランに沿って予習し，仲間とのミーティングを通して，新たに得られた情報や気づきや感想など，心に残っているものを書き

留めておきます。ミーティングの後に，心に残っているものこそ，その人にとっての大切な学びだと思います。

　大学ではレポートや論文の作成に多くの文献を用います。関連する文献を的確かつ適切に引用しながら論を進めることで，レポートや論文の質が決まります。したがって，常日頃からさまざまな文献を読み，レジュメ（要約）を作り，レポートや論文の作成に備える必要があります。質の高いレジュメが手元にあれば，効率よく，レポートや論文を書くことができます。そのために，質の高いレジュメを作成し，必要なときに取り出せるシステムづくりが必要になります。ここで紹介した予習ノートの工夫が役立ちます。

　ちなみに，筆者はあらゆる文献や資料の保管管理に，野口（1993）が提唱している「超整理法」を実践しています。

付録 2-4

レポートの構成とLTD過程プラン

（1） レポートの構成

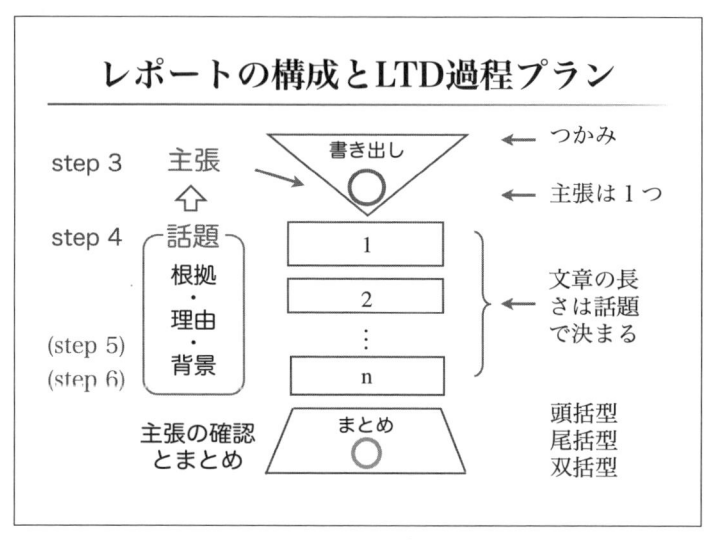

スライド付録 2-4　レポートの構成

　意思伝達の方法として，わたしたちは文章を活用しています。ある人（著者）が考えた内容（主張）を，他者（読者）に伝えるために文章を書きます。その文章を読み，読者が著者の主張を的確に読み解き，共有できたとき，文章作成の目的が達成されたことになります。

　読者は，著者がいないところで，著者の文章を読みます。それだけに，著者は誤解されないように，細心の注意を払い，文章を書く必要があります。どのような文章を書けば，著者の主張が読者に的確に伝わるかは，文章作成の中心テーマであり，これまで多くの工夫がなされてきました。その工夫を共有できておれば，著者は自分の主張が伝わりやすい文章，つまり分かりやすい文章を書くことができます。一方，読者は著者の主張を誤解することなく的確に理解できます。

　分かりやすい文章，誤解されない文章を書く工夫として，調査・研究などの報告としてのレポートの書き方が参考になります。レポートの作成では，最初に著者の主張を述べ，次にその主張を支持する話題（根拠や理由や背景）を述べるという書き方が推奨されています。

　スライド付録 2-4 を見てください。論理的な文章が要求されるレポートの構成を表しています。スライドのなかにある逆三角形や四角形や台形は，文章を構成する一つずつの段落を表します。文章の流れは上から下です。

　そのなかで著者の主張は最初の段落に書きます。著者の主張を述べる最初の段落を逆三角形で表しています。これは，どんなに素晴らしい主張が述べられているレポートであっても，読者が読んでくれなければレポートの意味はありません。そこで，レポートの書き出しは，一人でも多くの読者の興味関心を惹きつける「つかみ」を工夫します。読者に「面白い」と思わせたら成功です。面白いと思った読者

は，きっと，さらに数行，その先を読みます。そこに最も伝えたい著者の主張を明示しておけば，著者の主張を最初の段落で読者に伝えることができます。多くの読者の注意を引く書き出しから，一挙にレポートの主張へと絞り込む雰囲気を逆三角形で表しました。なお，「つかみ」は必ずしも必要ではありません。最初の1行目から著者の主張を書くこともあります。

　著者の主張に関心をもった読者は，その主張の根拠や理由や背景を知りたいと思うものです。そこで，間髪入れずに，次の段落で，著者の主張を支持する最も説得的な根拠や理由や背景，すなわち話題を述べます。スライドでは話題を述べた段落を四角形で表しています。なお，レポートの長さは，話題の数と詳しさにより調整します。レポートに入れる話題を増やすほど，また一つの話題を詳しく説明するほど，レポートは長くなります。

　そして，レポートの最後の段落で，最初に述べた主張と，それを支持する話題をまとめて，再度，著者の主張をまとめ直します。全体を支えるというイメージを出すために台形にしました。

　ここで紹介した構成は「双括型」と呼ばれている文章の構成です。最初に主張を述べるだけの「頭括型」や最後に主張を述べる「尾括型」もありますが，分かりやすいレポートの基本形として，ここでは「双括型」をおすすめします。

（2）レポートの構成とLTD過程プラン

　さて，このレポートの構成とLTD過程プランとの間には密接な関係があります。特に，過程プランで課題文を読み解く際，まずstep 3で著者の主張を理解し，次にstep 4で主張を支持する話題を理解しました。これはスライド付録2-4で示したレポートの構成（双括型）と一致します。レポートを書く際の順序と，レポートを読む際の順序が同じであれば，著者の主観的な世界を読者が追体験し，理解するのに好都合です。誤解も少なくなります。

付録 6-1

LTD ミーティング記録紙

名　　前：＿＿＿＿＿＿＿＿＿＿　　グループ名：＿＿＿＿＿＿＿＿＿＿

学籍番号：＿＿＿＿＿＿＿＿＿＿　　日付：　月　　日　　時限

Ｉ．事前調査

　これからミーティングを始めます。下記の項目を評定してください。各項目をどれほど認めるか，最も当てはまる数字をひとつ選んで（　　）に記入してください。なお，50 を「どちらともいえない」として評定してください（以下すべて同じ）。

　　全く認めない　0　10　20　30　40　50　60　70　80　90　100　とても認める

1．（　　　）わたしは予習ができている。

2．（　　　）わたしは今回の課題文に興味・関心をもっている。

3．（　　　）わたしは課題文の内容を理解できている。

4．（　　　）わたしは今日のミーティングに参加したい。

5．（　　　）わたしは今日のミーティングに参加して，課題文の理解を深められると思う。

6．（　　　）わたしは今日のミーティングに貢献できると思う。

7．（　　　）今日のミーティングでは，グループ全体として，各ステップを上手くやれると思う。

Ⅱ．事後調査

1．今日のミーティングが終わりました。下記の項目を評定してください。各項目をどれほど認めるか，最も当てはまる数字をひとつ選んで（　　）に記入してください。

　　全く認めない　0　10　20　30　40　50　60　70　80　90　100　とても認める

1．（　　　）今日のミーティングでは，グループ全体として各ステップを上手くできた。

2．（　　　）今日のミーティングを通して，課題文に対するわたし個人の理解が深まった。

3．（　　　）今回の課題に対するわたしの興味・関心が高まった。

4．（　　　）このグループで，またミーティングをやりたい。

5．（　　　）LTD 話し合い学習法を，またやりたい。

2．ミーティング＝メンバーの発言量と貢献度を評価してください．自分も含めて仲間全員の名前を書き，以下の3つの項目について，次の尺度を用いて評価してください．

```
大変小さい                                       大変大きい
            0  10  20  30  40  50  60  70  80  90  100
大変少ない                                       大変多い
```

① グループの進行に貢献した　② 課題文の理解を深めることに貢献した　③ 発言量が多かった

　　　　　　　　　　　　　　　　　　　①　　　　②　　　　③

自分：_____　（　　）（　　）（　　）

仲間：_____　（　　）（　　）（　　）

仲間：_____　（　　）（　　）（　　）

仲間：_____　（　　）（　　）（　　）

仲間：_____　（　　）（　　）（　　）

3．ミーティングに対する意見・感想・質問などを自由に書いてください．

_____
_____
_____
_____
_____
_____
_____
_____
_____
_____

LTDを組み込んだ初年次科目「教養演習」のシラバス例

教養演習　前期2単位　1年生　水曜日1限目，担当・安永

演習の目的	1．期待される大学生活を知り，実践する。 2．基本的生活習慣を獲得し，実行する。 3．多様な価値観をもった仲間と出逢い，交流する。 4．仲間との対話を通してコミュニケーション能力の向上をはかる。 5．積極的に楽しく学ぶ姿勢やその具体的な学習方法を理解し，実践する。 6．文学部心理学科の4年間を見通し，希望する進路を選択する。
演習の特徴	1．演習で学ぶ内容は大学生活を成功させるための基本的事項である。 2．学習内容は，他のすべての授業において活用できる。 3．具体的な課題解決や討論を通して自ら学ぶことができる。 4．仲間と協力・協調して相互に学び合うことができる。
到達目標	1．基本的生活習慣を獲得し，実行できる。 2．仲間との関わりを通して，コミュニケーション能力を高める。 3．大学における学習方法を理解し，実践できる。 　特に1,200文字程度のレポートが書ける。 4．大学4年間の見通しがもてる。
授業計画	1．導入　グループづくり，授業の紹介 2．大学（学部・学科）の教育理念・目的，大学教育の今昔 3．大学4年間の見通しと将来設計，大学生活と私 4．大学授業の受け方，ノートの取り方，情報の整理法 5．協同の精神：学び合い・教え合い，ポートフォリオ 6．科学者の思考パターン 7．説明文の読み方，対話の仕方（1）LTD 8．説明文の読み方，対話の仕方（2）LTD 9．説明文の読み方，対話の仕方（3）LTD 10．レポートの構成と書き方（1）円形ディベート 11．レポートの構成と書き方（2）円形ディベート 12．文章の書き方（1）日本語作文技術，看図作文 13．文章の書き方（2）日本語作文技術，主観と客観 14．文章の書き方（3）日本語作文技術，パラグラフの書き方 15．まとめとふり返り
評価方法	期末テストなし。ただし，達成度を確認する小テストは実施する。次の規準で演習目的の達成度を評価する。 　〈参加度 40%，学習スキル 30%，言語技術 20%，その他 10%〉 なお，出席は特に大切である。毎回出席すること。10回以上の出席がない者は評価対象とはならない。また，遅刻3回は欠席1回とみなす。
教科書	「大学基礎講座」藤田哲也（編著）北大路書房，2006年

（久留米大学 2013，一部修正）

付録 6-3

LTD を組み込んだ専門科目「教育心理学」のシラバス例

教育心理学　前期2単位，2年生以上対象，火曜日1限目，担当・安永悟

講義の目的と概要　本授業では協同学習の理論と技法を，実際に仲間と協力しながら学ぶことを目的とする。各種の技法を体験するが，最終的にはLTD話し合い学習法の修得をめざす。本授業を通して「考え，対話し，活動する授業」についての論考を深め，いまの大学に求められている教育のあり方について議論を深める。

達成目標
1. 協同学習の理論と技法を理解し，実践できる。
2. LTD話し合い学習法を日々の学習で活かすことができる。
3. 学習内容を自己と関連づけ，大学生活を豊かに過ごす方法を考え，実践する。

授業計画
1. 教育心理学とは：大学教育の現状
2. 協同学習の必要性：教育パラダイム
3. 協同学習の理論と技法
4. LTDの導入1：LTDの基礎と予習
5. LTDの導入2：ミーティングの方法
6. LTDの実践1
7. 実践1のふり返り
8. LTDの実践2
9. 実践2のふり返り
10. 短縮型LTDと分割型LTD
11. 協同学習と協調学習
12. 協同によるプロジェクト型学習法
13. 協同学習と評価
14. 大学授業と評価
15. まとめ

準備学習　LTDは予習とミーティングによって構成されている。予習がミーティングの前提になるので，指定された学習課題の予習は確実に実行すること。

履修上の留意点　学生参加型の授業である。能動的な参加が求められる。受講生一人ひとりが積極的に授業に関与し，活動することが前提となる。

評価方法　参加度30%，提出物20%，予習ノート20%，テスト成績30%

教科書　「実践・LTD話し合い学習法」ナカニシヤ出版，2006年

(久留米大学2012，一部修正)

付録 7-1

LTD 話し合い学習法を活用した授業の単元計画表

インスタント食品とわたしたちの生活

時間	月日	ステップ	活動	学習内容
1	1月9日（金）	St. 1	予習	教材文を読み，学習の見通しを持つ。
2	1月13日（火）	St. 2	予習 ミーティング	分からない言葉の意味を調べる。
3	1月14日（水）	St. 3	予習	筆者の主張を読み取る。
4	1月15日（木）		ミーティング クラス全体の対話	筆者の主張について話し合う。
5	1月16日（金）	St. 4	予習	筆者の主張を伝える話題を見つける。
6	1月19日（月）		ミーティング クラス全体の対話	話題について話し合う。
7	1月20日（火）	St. 5	予習	筆者の主張や話題を知っていることと関連づける。
8	1月21日（水）		ミーティング クラス全体の対話	関連づけたことについて話し合う。
9	1月22日（木）	St. 6	予習	学んだ内容と自分たちの生活を関連づける。
10	1月23日（金）		ミーティング クラス全体の対話	関連づけたことについて話し合う。
11	1月26日（月）	St. 7	予習 ミーティング クラス全体の対話	課題を評価し改善点を考える。
12	1月27日（火）	―	予習 ミーティング	ディベートの仕方を理解し，情報を集める。
13	1月28日（水）	―	予習 ミーティング	自分の考えを書く。
14	1月29日（木）	―	ミーティング クラス全体の対話	ディベートを行う。
15	1月30日（金）	St. 8	予習 ミーティング クラス全体の対話	話し合い学習のふり返りを行う。

付録 7-2

インスタント食品とわたしたちの生活⑤

五年　組（　　　　　　　）

┌ めあて ─────────────────────┐
│   │
│   │
└──────────────────────────┘

○話し合いによって明らかになった話題から、思い出したことや連想したことを書きましょう。

St.5の予習で用いた学習プリント

話題	思い出したこと・連想したこと
・料理の時間が短い	
・家庭と変わらない味やおかわりがある	
・長い間保存できる	
・価格が安い	
・家ごとの味が失われる	
・料理が下手になる	
・栄養がかたよる	

┌ きょうの学習のふりかえり ───────────┐
│   │
│   │
│   │
└──────────────────────────┘

付録 7-3

授業記録紙

学籍番号：＿＿＿＿＿＿＿　　名前：＿＿＿＿＿＿＿　　2013年　　月　　日　　時限

1．今日の授業をふり返って，以下の問いに答えてください。

　　最も当てはまる数字を次の尺度から1つ選び，（　）に記入してください。

　　　　　　　まったく　　1　　2　　3　　4　　5　　とても

授業全体について

　1．（　　）今日の授業の目的を，はじめにどれほど理解できましたか。
　2．（　　）教師の説明や指示はどれほど明確でしたか。
　3．（　　）あなたは，授業内容にどれほど興味・関心がもてましたか。
　4．（　　）あなたは，授業中どれほど真剣に考えましたか。
　5．（　　）あなたは，授業内容をどれほど理解できましたか。

話し合いについて

　6．（　　）あなたは，話し合いにどれほど参加できましたか。
　7．（　　）グループの仲間は，話し合いにどれほど参加できましたか。
　8．（　　）あなたは，話し合いにどれほど貢献できましたか。
　9．（　　）グループの仲間は，話し合いにどれほど貢献できましたか。
　10．（　　）あなたは，話し合いを通して授業内容の理解がどれほど深まりましたか。

グループについて

　11．（　　）あなたは，グループ活動でどれほどリラックスしていましたか。
　12．（　　）あなたは，グループの仲間とどれほど親しくなれましたか。
　13．（　　）あなたは，グループの仲間をどれほど信頼していますか。
　14．（　　）あなたは，このグループでの活動が好きですか。
　15．（　　）あなたは，このグループでまた話し合いをしたいですか。
　16．（　　）あなたは，メンバーから認められていると思いますか。

裏へ

2．今日の授業に関する質問，感想，意見などを自由に書いてください。

付録 8-1

ディスカッション＝イメージ尺度

［問］　あなたは「話し合い」に対してどのようなイメージをもっていますか。以下の項目にしたがって，あなたのイメージを評価してください。

評価の仕方ですが，各尺度は7段階になっており"どちらでもない"を中心に，左右に"やや""かなり""非常に"と程度が異なっています。正答はありません。最も当てはまると思う数字を1つ選び，○で囲んでください。記入もれのないように上から順に答えてください。

		非常に	かなり	やや	どちらでもない	やや	かなり	非常に	
1 *	無口な	7	6	5	4	3	2	1	おしゃべりな
2	親しみやすい	7	6	5	4	3	2	1	親しみにくい
3	責任感のある	7	6	5	4	3	2	1	無責任な
4	社交的な	7	6	5	4	3	2	1	非社交的な
5 *	不愉快な	7	6	5	4	3	2	1	愉快な
6	積極的な	7	6	5	4	3	2	1	消極的な
7 *	臆病な	7	6	5	4	3	2	1	勇敢な
8	慎重な	7	6	5	4	3	2	1	軽率な
9 *	無気力な	7	6	5	4	3	2	1	意欲的な
10	生き生きとした	7	6	5	4	3	2	1	生気のない
11	楽しい	7	6	5	4	3	2	1	苦しい
12 *	浅い	7	6	5	4	3	2	1	深い
13	活発な	7	6	5	4	3	2	1	不活発な
14 *	嫌いな	7	6	5	4	3	2	1	好きな

①集計方法

　ⅰ．逆転項目の処理

　　イメージ尺度14項目のうちアスタリスク（*）のついた6項目が逆転項目です。集計にあたっては，まずこの6項目の数値を逆転してください。イメージ尺度は7件法ですから，

$$x' = 8 - x$$

の変換式を使ってください。素点が5であれば逆転した値が3となります。

　ⅱ．因子別の得点整理

　　イメージ尺度には下記の3因子が含まれています。因子ごとに，逆転項目を処理した後の数値を使って平均値を算出します。

第1因子：活動性，項目番号　1，4，6，7，9，10，13
第2因子：親和性，項目番号　2，5，11，14
第3因子：重大性，項目番号　3，8，12

②出典

　安永　悟・藤川真子（1998）．ディスカッション・イメージ尺度の再検討．久留米大学文学部紀要（人間科学編），**12・13**，33-41．

付録 8-2

ディスカッション＝スキル尺度

［問］ 話し合いを行うとき，あなた自身は以下の項目（スキル）を実際どれほど容易にできますか。下記の尺度に従って，あなたに一番あてはまる数字をひとつ選び，文頭の（ ）に記入してください。

　　　7：できる　　　　6：かなりできる　　　5：ややできる
　　　4：どちらでもない
　　　3：ややできない　　2：かなりできない　　1：できない

1 （　　） ディスカッションを手際よく進める。
2 （　　） 相手が誰であっても反対意見は堂々と述べる。
3 （　　） 他者の気持ちを理解する。
4 （　　） 自信を持って意見を言う。
5 （　　） 他者の意見を尊重する。
6 （　　） その場にあった話題をうまく提供する。
7 （　　） 明るく楽しい雰囲気を作る。
8 （　　） 思ったことを発言する。
9 （　　） 他者の意見をよく聞く。
10 （　　） 説得力のある話し方をする。
11 （　　） 相手の意見を相手の立場に立って聞く。
12 （　　） 発言内容をうまく組み立てる。
13 （　　） 自分の意見に自信を持つ。
14 （　　） ディスカッションの流れを素早く判断しながら参加者をリードする。
15 （　　） 場をうまく盛り上げる。
16 （　　） 他者が納得できるような意見を述べる。
17 （　　） 相手の意見を自分の立場から聞く。
18 （　　） 険悪なムードを取り除く。
19 （　　） 恥ずかしがらずに意見をいう。
20 （　　） 声の調子から相手の気持ちを読みとる。
21 （　　） ディスカッションの要所で参加者の意見をまとめる。
22 （　　） 疑問点を質問する。
23 （　　） ユーモアを交えながら話す。
24 （　　） 自分の意見をハッキリいう。
25 （　　） 場の雰囲気を理解する。

①因子別の集計方法
　スキル尺度には下記の4因子が含まれています。因子ごとに平均値を算出します。

第1因子：場の進行と対処　　　　項目番号　　1，6，10，12，14，16，21
第2因子：積極的関与と自己主張　　項目番号　　2，4，8，13，19，22，24
第3因子：他者への配慮と理解　　　項目番号　　3，5，9，11，17，20，25
第4因子：雰囲気づくり　　　　　　項目番号　　7，15，18，23

②出典

安永悟・江島かおる・藤川真子（1998）．ディスカッション・スキル尺度の開発．久留米大学文学部紀要（人間科学編），**12・13**, 43-57.

付録 8-3

コミュニケーション不安尺度

［問］以下の項目は，いろいろな場面でのコミュニケーションについて，あなたがどのように感じているかをお聞きします。あなたの気持ちを聞かせてください。項目ごとに当てはまる気持ちを次の番号（1〜5）のなかから1つ選んで，文頭の（　）内に書いてください。

        1：全くそう思う
        2：そう思う
        3：どちらでもない
        4：そう思わない
        5：全くそう思わない

1．（　）小グループの討論に参加するのが嫌いである。＊
2．（　）小グループの討論に参加している間，たいてい落ち着いている。
3．（　）小グループの討論に参加している間，緊張したり神経質になったりする。＊
4．（　）小グループの討論に参加するのが好きである。
5．（　）初対面の人と小グループで討論すると，緊張したり神経質になったりする。＊
6．（　）小グループの討論に参加している間，冷静でリラックスしている。
7．（　）集会に参加しなければならないとき，たいてい神経質になる。＊
8．（　）集会に参加している間，たいてい冷静でリラックスしている。
9．（　）集会で発言を求められるとき，とても冷静でリラックスしている。
10．（　）集会で意見を発表するのが怖い。＊
11．（　）集会で話をするとき，たいてい落ち着かなくなる。＊
12．（　）集会で質問に答えるとき，とてもリラックスしている。
13．（　）初対面の人との会話に参加している間，とても神経質になる。＊
14．（　）会話で意見を述べることをまったく恐れていない。
15．（　）会話ではたいていとても緊張したり神経質になったりする。＊
16．（　）会話ではたいていとても冷静でリラックスしている。
17．（　）初対面の人と会話している間，とてもリラックスしている。
18．（　）会話で意見を述べるのが怖い。＊
19．（　）スピーチをすることをまったく恐れていない。
20．（　）スピーチをしている間，体の各部が緊張したり堅くなったりする。＊
21．（　）スピーチをしている間，リラックスしている。
22．（　）スピーチをしているとき，思考が混乱してしまう。＊
23．（　）スピーチを目前に控えて自信をもっていられる。
24．（　）スピーチをしている間，非常に神経質になり，実際に知っていることも忘れてしまう。＊

①集計方法

　ⅰ．逆転項目の処理

　　コミュニケーション不安尺度24項目のうちアスタリスク（＊）のついた12項目は逆転項目です。集計にあたってはまず逆転項目の数値を逆転してください。その際，尺度が5件法ですから，

$$x' = 6 - x$$

の変換式を使ってください。素点が4であれば逆転した値が2となります。

　ⅱ．因子別の得点整理

　　コミュニケーション不安尺度は下記の4場面（因子）の不安得点を個別に算出することができます。同時に，4場面の得点を考慮した全体得点も算出できます。まず，場面ごとに逆転項目を処理した後の数値を使って平均値を算出します。次に，4場面の得点を平均して全体得点を出します。

　　小グループ：項目番号　1，2，3，4，5，6
　　集会　　　：項目番号　7，8，9，10，11，12
　　会話　　　：項目番号　13，14，15，16，17，18
　　スピーチ　：項目番号　19，20，21，22，23，24
　　全体　　　：4場面（小グループ，集会，会話，スピーチ）の平均値

②出典

　McCroskey, J. C. (1978). Validity of the PRCA as an index of oral communication apprehension. *Communication Monographs*, 45, 192-203.

　尺度の日本語訳は，「近藤真治・ヤン＝インリン（1996）．コミュニケーション不安の形成と治療　ナカニシヤ出版　p.11」による

付録 8-4

思考動機尺度

［問］ 以下にあげた各文を読んで，その内容が，あなたにどれほどあてはまるかをお聞きします。下記の尺度に従って，あなたに一番あてはまる数字をひとつ選び，文頭の（ ）に記入してください。

  5：とてもあてはまる　　　4：幾分あてはまる
  3：どちらともいえない
  2：幾分あてはまらない　　1：全くあてはまらない

1. （　）簡単な問題よりも複雑な問題が好きだ。
2. （　）考えることを必要とする場面を任されることが好きだ。
3. （　）考えることは，わたしにとって楽しいことではない。＊
4. （　）わたしの考える力が試されてしまうようなことを行うよりは，ほとんど考えなくともやれるようなことを行いたい。＊
5. （　）深く考えなければならないような場面をあらかじめ予想し，その場面を避けようとする。＊
6. （　）長時間にわたって一生懸命考えることに喜びを感じる。
7. （　）必要以上には考えない。＊
8. （　）日々の雑務や雑事を考える方が，長期間にわたる計画を考えるよりも好きだ。＊
9. （　）一度習ってしまえば考えずにすぐできるような課題が好きだ。＊
10. （　）わたしが偉くなるには考える力が必要である，という考え方は魅力的である。
11. （　）問題の新しい解決法を考えるのが楽しい。
12. （　）新しい考え方を学ぶことは，わたしにとってそれほど興味深いことではない。
13. （　）毎日，解決すべき仕事がある生活を好む。＊
14. （　）抽象的に考えることに魅力を感じる。
15. （　）知性を必要とする重要で困難な仕事の方が，ある程度重要ではあるが考えなくてすむ課題よりも好きだ。
16. （　）頭をとても使う仕事をした後，わたしは満足感よりもむしろ開放感を感じる。＊
17. （　）仕事がおわりさえすれば，わたしはそれだけで十分である。なぜ仕事が終わったのか，どのように終わったのか，わたしには関心がない。＊
18. （　）個人的に関係のない問題でさえ，わたしはつい深く考え込むことがよくある。

①集計方法

　ⅰ．逆転項目の処理

　　思考動機尺度18項目のうちアスタリスク（＊）のついた9項目は逆転項目です。集計にあたってはまず数値を逆転してください。その際，思考動機尺度は5件法ですから，

$$x' = 6 - x$$

の変換式を使ってください。素点が5であれば逆転した値が1となります。

ⅱ．思考動機の算出

　思考動機尺度は一因子構造が確認されています。逆転項目を処理した後，すべての項目の平均値が思考動機の強さを表します。

②出典

　安永悟・甲原定房・藤川真子（1999）．ディスカッション・スキル運用能力と思考動機との関係．久留米大学文学部紀要（人間科学編），14，63-73．

付録 8-5

協同作業認識尺度

以下の項目は協同作業に対する，あるいはグループで一緒に仕事をすることを伴う意見や感想です。これらの考えに対してあなた自身はどう思いますか。もっとも当てはまる数字を（　）内に記入してください。

　　　5：とても当てはまる　　3：どちらでもない　　2：やや当てはまらない
　　　4：やや当てはまる　　　　　　　　　　　　　1：まったく当てはまらない

1. （　　）みんなで一緒に作業すると，自分の思うようにできない。
2. （　　）グループのために自分の力（才能や技能）を使うのは楽しい。
3. （　　）一人でやるよりも協同したほうが良い成果を得られる。
4. （　　）協同は仕事の出来ない人たちのためにある。
5. （　　）グループでやると必ず手抜きをする人がいる。
6. （　　）周りに気遣いしながらやるより独りでやる方が，やり甲斐がある。
7. （　　）協同はチームメートへの信頼が基本だ。
8. （　　）弱い者は群れて助け合うが，強い者にはその必要はない。
9. （　　）みんなで色々な意見を出し合うことは有益である。
10. （　　）能力が高くない人たちでも団結すれば良い成果を出せる。
11. （　　）みんなで話し合っていると時間がかかる。
12. （　　）グループ活動ならば，他の人の意見を聞くことができるので自分の知識も増える。
13. （　　）人に指図されて仕事はしたくない。
14. （　　）失敗した時に連帯責任を問われるくらいなら，一人でやるほうが良い。
15. （　　）個性は多様な人間関係の中で磨かれていく。
16. （　　）協同することで，優秀な人はより優秀な成績を得ることができる。
17. （　　）優秀な人たちがわざわざ協同する必要はない。
18. （　　）たくさんの仕事でも，みんなと一緒にやれば出来る気がする。

①集計方法

　協同作業認識尺度には次の3因子が含まれています。因子ごとに平均値を算出します。
　　協同効用　　項目番号　2，3，7，9，10，12，15，16，18
　　個人志向　　項目番号　1，5，6，11，13，14
　　互恵懸念　　項目番号　4，8，17

②出典

　長濱文与・安永　悟・関田一彦・甲原定房（2009）．協同作業認識尺度の開発．教育心理学研究，**57**，24-37．

付録 8-6

大学への適応感尺度

以下の項目について，あなたはどれほど同意しますか。最も当てはまる数字を（　）の中に回答してください。

質問に正しい答えはありません。皆さんの考え方や感じ方に従って回答してください。

　　5：とてもそう思う　　3：どちらでもない　　2：ほとんどそう思わない
　　4：ややそう思う　　　　　　　　　　　　　1：全くそう思わない

1. （　　　）大学の友達は，あなたの気持ちをよくわかってくれると思う。
2. （　　　）大学で学んでいることに満足している。
3. （　　　）困っていると，大学の友達は，あなたを支えてくれると思う。
4. （　　　）大学の勉強には難しいことが多くて，興味がない。*
5. （　　　）遊びや旅行に，大学の友達と一緒に行くことが多いと思う。
6. （　　　）大学の授業でわからないことがあったら，授業の後で質問したり，自分で調べようと思う。
7. （　　　）大学の休み時間には，友達と離れて，ひとりでいることが多いと思う。*
8. （　　　）大学の授業には関心がある。
9. （　　　）大学の友達には，恵まれていると思う。
10. （　　　）都合が悪くても，できるだけ大学の授業には出席しようと思う。
11. （　　　）大学の友達には，何でも話すことができると思う。

①集計方法
　ⅰ．逆転項目の処理
　　適応感尺度11項目のうちアスタリスク（*）のついた2項目は逆転項目です。集計にあたってはまず数値を逆転してください。そのさい，適応感尺度は5件法ですから，

　　　　$x' = 6 - x$

の変換式を使ってください。素点が4であれば逆転した値が2となります。
　ⅱ．因子別の集計法
　　適応感尺度は次2因子が確認されています。因子別に項目の平均値を算出します。逆転項目は逆転後の値を使います。

　　対人関係　　項目番号　1，3，5，7，9，11
　　学業　　　　項目番号　2，4，6，8，10

②出典
　出口拓彦・吉田俊和（2005）．大学の授業における私語の頻度と規範意識・個人特性との関連：大学生活への適応という観点からの検討　社会心理学研究，21，160-169．

付録8-7（授業通信）

教育心理学 I

担当：安永 悟　2013年7月9日　授業通信　第11号（通算 第564号）

第11講　7/2の内容
　前回の授業は、2回目のLTDミーティングを経験しました。課題文は下の通りでした。2回目のミーティングということで、LTD本来の良さを少しずつ理解してもらえたようです。早速皆さんの意見感想をみることにしましょう。

　　木村晴子 (1992). 援助的コミュニケーション−カウンセラーの仕事から−. 津村俊充・山口真人(編著),
　　　　人間関係トレーニング, 84-88, ナカニシヤ出版.

キーワード：LTDミーティング，援助的コミュニケーション

1. Stepによる理解の深まり
(1) 今回はstep 2の部分で「生きたパーソナリティ」の意味がわからないという質問がでました。みんなで考えているうちに時間が来て、そのままステップ3に進みました。その後「主張の理解」や「話題の理解」のステップを経ても、わたしはステップ2の質問に対して自分の答えを出せていませんでした。
　そんな状態でいたとき、途中のステップで、時間が3分ほどあまってしまう出来事が生じました。そこで「さっきの"生きたパーソナリティ"部分はどう思いますか？」とグループの人に尋ねてみました。そうしたら、グループの一人が自分はこう思う、と発言をしてくれました。驚いたのは、先ほど質問をした人も「生きたパーソナリティの意味はこうだと思う」と発言をしていたことです。
　その人のなかでは、どのような変化が起こったのでしょうか。主張や話題の理解が深まったことで、自分なりの解釈を見出せたのでしょうか。話題の理解のステップの後に、もう一度ことばの理解のステップを入れると、LTD学習法はよりよくなるかもしれないと感じました。また、ステップ2の言葉の理解で「辞書で調べた意味と、作者が用いている言葉の意味は違うのか、重なっているのか」を検討する作業は、ステップ3や4で主張や話題を理解した後のほうが検討しやすくなるとも感じました。
▷　大変貴重な意見です。真剣に話し合っても、最終的な合意や理解がえられないこともあります。LTDは時間制約があるので、その状態を確認して、次のステップに進みます。ところが、次のステップを検討しているなかで、前のステップで解決できなかった内容の理解が進むことがあります。上記の事例は、まさにその現象を示しています。
▷　理解はリカーシブ（再帰的）に起こります。LTD過程プランは直線的に展開しますが、実際の理解は再帰的に起こるので、指摘しているように、再帰的なステップの展開はあってしかるべきです。
▷　LTD過程プランに熟達すると、直線的なステップの展開に加え、話し合いの内容は再帰的に展開するのではないかと予想しています。

▷　この点を明らかにできれば、心理学研究として、大いに評価される研究となります。

2. ミーティングの変化
(1) 前回はグループの人と視線が合わなかったのですが、今回はすごく視線が合い、話しやすいと感じました。また、前回はメモをとろうと全員がペンを持っていたのに対し、今回は話している人のほうを見て相手が何を言いたいのかという「話の核」を探しているように感じました。今回は、前回よりも積極的な話し合いができ、とても充実した時間だったと感じました。また、今回の課題文は前回のものよりも、意見が違うことが多かったので、話し合いの甲斐がありました。
▷　これまでの授業通信で取り上げてきた内容（メモ、話の核、視線）が生きたミーティングが実現しました。
▷　意見が違う方が、話し合いに意味を感じたとのこと、大切な気づきです。話し合いにおいて意見の不一致があることが、話し合いによる変化成長の源泉となります。

3. 関連づけの幅と質
(1) LTDの予習をしている時には関連づけが難しいなあと感じることが多々ありますが、話し合いに参加して本文を理解していくに従って、この知識や経験はこの部分と関係性があるのではないのかと、気づくことがよくあります。このことから関連づけが最初難しく感じるのは、本文の理解がまだ不十分であるがために、視点を変えて関連性を見つけることができていないためではないかと考えました。そのためか、関連づけに関しては話し合いを通していく中で関連性を見出すことが多く、予習の段階では思いつかなかった関連を思いついたりします。このような形ですが、話し合いを通して、本文の理解が進んでいると実感しています。
▷　これも貴重な意見です。関連づけが難しいという指摘をしばしば受けてきました。その都度、関連づけについての説明を見直してきました。しかし、まだ不十分さを感じていました。
▷　関連づけを難しいと感じる背後に、理解不足がある

(2) 課題の内容との関連づけを行う場面で、班のメンバーは東日本大震災での知識、アルバイトでの経験、過去の部活動での体験、前回のLTDの資料といった多方面から関連づけを行えていたのですが、自分は前回と同じ経験談から派生させた関連づけしか出来ませんでした。自分の関連づけが幼稚に見えてきてしまい恥ずかしかったです。限定された分野だけの知識を増やしていくのではなく、多方面の分野にも手を伸ばして知識を持ち、それに対する自分の意見を持たなくてはいけないと痛感しました。

▷ 重要な点に気づけました。関連づけの幅を広げ、質を高めることが次の課題です。社会一般に関心を広げ、自分の意見をもつことが第一歩です。いわゆる「教養」が求められる理由ともいえます。

(3) St.5からはメンバー同士で関連づけ合戦になり、とても盛り上がりました。一人の発表を受けて別のメンバーが関連づけ、それを更に別のメンバーが関連づけをして、メンバーの顔が生き生きしていたのがとても印象的でした。その時が一番「LTDしている！」という気持ちで、とても楽しかったです。課題文の内容も、ここの関連づけのおかげで、より理解できたメンバーもいましたし、新しく出てきた疑問に活用する場面もありました。

▷ 関連づけの連鎖は、話し合いに期待される創発性の基本だと考えます。創発性により理解が深まる。理想的な展開です。

4. Step 4の話題選定法

(1) グループで、話題のまとめ方が2パターンに分かれています。ひとつは、トピックごとに話題1、話題2…とします。もうひとつは、全体の構成から分けられると判断した区切りを境に話題1、話題2…とします。したがってグループ内で文章の区切った範囲が異なるので、比較がスムーズに進みません。どちらのやり方がよいか、分かりませんでした。私たちのグループ内で片方に統一もでましたが、他のグループはどういう話題の区切り方をしているのか、気になります。

▷ 同様の感想がいくつかありました。

▷ 一般的に、話題の特定は「意味のまとまり」が基本になります。Step 3で明らかになった「主張」を支持する「意味のまとまり」を「話題」として選択します。そのさい、著者が設定している「小見出し」も有力な手がかりとなります。

▷ 話題の大きさが問題になったグループもあったようです。各自が設定した話題の大きさ、つまり話題に含める範囲が異なったとしても、同じ「主張」を支持する話題なので、その違いは相互に排他的な関係によって生まれるのではなく、包含関係にあるはずです。であれば、若干の調整により、同じ話題として話し合えると思います。

5. 確かな学力

(1) LTDが終わったあとも、援助的なコミュニケーションの内容が頭から離れなかった。もっと著者が言いたかったことを理解して、理解を深めたいと思った。こんなに一つの課題文を徹底的に理解したり、深めるということは初めてだと思った。今なら課題文の内容について質問されても何も見ずに言えると思った。本物の学習に触れたような気持がした。

▷ そして、確かな学力に繋がっていると思います。

6. 心地よい疲れ

(1) 今回のミーティングで一番感じたことは、LTDは「楽しいのに頭が疲れる」ということだ。楽しんで疲れることは運動や遊びで体験したことがたくさんあった。しかし、学習においても、勉強が終わってから楽しかったなと後で思うことは稀にあったのだが、その過程を楽しんでいる自分を認識することはなかったように思える。また、「楽しい学習」というものはあまり疲れないものだと思っていたので、今回のLTDが終わったあとに相当な疲れを感じたことは新鮮だった。話し合いであんなに疲れたことはLTD以外では経験してこなかったので、LTD以外の場面でもきちんと頭を使って参加しようと思う。

▷ 真剣に考え続けると、確かに疲れます。それも心地よい疲れです。

7. 自己の変化成長

(1) 今回の2回目のLTDミーティングでは、1回目の課題文「大学での学び方」に書かれていた「学習は変化成長があってこそ喜びが生まれ、学習意欲が高まる」といったことを実感することができたと思います。話し合い最後のstep ふり返りの場面で、私がきちんと変化成長したことを仲間がみていてくれていて、褒めてくれました。本当に嬉しかったです。そして、もっと成長したいという気持ちが溢れてきました。その気持ちを実感したせいか、仲間のことをもっとしっかりと見よう、変化に敏感になろうと思いました。

▷ 本物のActive Learning とは、確かな学力と自己の変化成長をもたらす学習である、というのがわたしの持論です。それを実現するために、協同学習やLTDを活用しています。

▷ 上記のコメントは、自己の変化成長を明示しています。素晴らしい体験です。

以上

（注：掲載した授業通信は第564号の文言を一部修正しています。内容は変えていません）

あとがき

　LTD話し合い学習法による授業の魅力は，学生の変化成長を間近に感じられることです。LTDの授業で，仲間と交流し，論理的に考え，討論することの素晴らしさを体得した学生は，自他の変化成長にすすんで貢献したいという協同の精神を身につけ，論理的な思考に支えられた言語技術を獲得します。それに加え，学びの主人公としての自覚を高め，主体的かつ能動的な学習者に育ちます。LTDの授業で育った学生たちが，同じ目標をもつ仲間と自主的な勉強会をはじめ，大きな成果をあげた話も聞いています。このような学生の育ちを，学生たちと共有できるのがLTDの授業です。

　本書を通して，一人でも多くの皆さんに，LTDの魅力を知っていただき，自他の変化成長を楽しんでいただきたいと思います。

　今年は，わたしが「LTD話し合い学習法」と出会ってから，ちょうど20年になります。この区切りとなる年に，「LTD話し合い学習法」の新しい解説書を上梓できたことを素直に喜びたいと思います。20年経ったいまでも，LTDの授業を行うたびに，新しい発見があります。授業で展開する新しいドラマに心奪われることがあります。LTDとの出会いはわたしの人生を変えました。この出会いに深く感謝したいと思います。

　最後になりましたが，本書の出版にあたり，平成26年度「久留米大学文学部教育研究振興資金」の援助を受けました。また，本書で紹介したLTD話し合い学習法を中核に据えた授業は，筆者らによる理論的・実践的な研究に基づいています。これらの研究を展開するうえで下記の資金援助を得ることができました。ここに記して，関係者にお礼申し上げます。

　　科学研究費補助金（2013～2015年度，課題番号25380908）　テーマ「LTD話し合い学習法による高大接続教育の中核となる授業づくり」　研究代表者　安永　悟

　　科学研究費補助金（2010～2012年度，課題番号22530730）　テーマ「LTD話し合い学習法によるPISA型読解力の育成」　研究代表者　安永　悟

　　石橋助成金（平成25年度）　テーマ「LTD話し合い学習法による高大接続教育の中核となる授業づくり」　研究代表者　安永　悟

著者代表　安永　悟

索　引

あ
アイスブレーキング　61
Ireson, J.　64
意見・感想の禁止　25
異質集団　64
異質性の許容　63
いじめ阻止　63
出光佐三　5
意図的な計画　86
意味ある学習　87
イメージ尺度　65
Inn, L. W.　64
エッセイ　127
　　──＝コンテスト　130

か
外的一貫性　34
概念定義　22
拡散的思考　11
学習意欲　12,13,123
学習課題　7
学習環境　90
学習効果　12
学生観　90,101
学生の変化　13
確定志向　65
課題解決優先　6
課題文　7
　　──の選定　111,112
　　──の配布方法　17
　　──の配列　112
　　──の評価　33,53
　　──の読み方　18
課題明示　71,74
学級の雰囲気　123
活動の同時性　94
活動の評価　93
活用テスト　123
活用力テスト　122
慣習的発言　79
関連づけ　9,71
机間巡視　104
基礎テスト　123
基本的信頼感　72
基本ユニット　108
Q-Uテスト　124

教育パラダイム　89
教育理論　85
教材観　101
教師の変化　13
協同学習
　　──の基本要素　91
　　──の効果　135
　　──の定義　85
　　──の特徴　86
協同作業認識尺度　137,138
協同中心の教育パラダイム　89, 90
協同の精神　5,39,88
King, A.　78
Kingの質問ステム　77
グループ
　　異質──　62
　　──の人数　61
　　──学習　87
グループ編成　38,61,66
　　──の基準　64
Cross, K. P.　64
形成的評価　134,135
傾聴　71,72
言語技術　126
ケーガンの四要素　93
建設的評価　33
貢献度フィードバック用紙　140
高次の学習　10
構成主義　88
構造化　74
肯定的相互依存　92
公平な取り組み　86
高揚感　72
誤解の対処法　107
個人攻撃　56
個人思考　71,74
個人の二つの責任　92
言葉の理解　21,44
コミュニケーション不安尺度　65, 137,138

さ
座席の配置　67
佐藤学　64
参加の平等性　94

三色ボールペン　19
Jacobs, G. M.　64
時間係　40
時間管理の方法　70
時間配分　48
思考動機尺度　65,137,138
自己
　　──学習能力　4
　　──効力感　72
　　──紹介　68
　　──との関連づけ　30,51
思索的発言　78
『実践・LTD話し合い学習法』 iii
実践回数　38
実践上の工夫　61
質問ステム　77
指導観　101
社説　117
習熟度別指導　63
　　──の弊害　63
収束的思考　11
集団思考　71,75
集団スキルの促進　93
集団への貢献　139
主観と客観の区別　19
授業
　　──通信　15,139
　　──の構成要素　99
　　──の前提　90,91
　　──目的　90
授業づくり　99
　　──の観点　100
授業評価　133
　　──の方法　136
主張的発言　78
主張の受容　24
主張の理解　23,45
熟考・評価　11
承認　125
情報の「取り出し」「解釈」「熟考・評価」　11
Johnson, D. W.　89,91
Johnson, R. T.　89,91
ジョンソンの五要素　91
シラバス例　159,160

シンク＝ペア＝シェア　76
心身の状態　68
診断的評価　134
杉江修治　64
スキル尺度　65
step5とstep6の区別　32
須藤　文　120
Smith, K. A.　85, 89
関田一彦　91
積極的参加　41
全体から部分へ　19
全体像の把握　20
総括的評価　134, 135
促進的相互交流　92

た
大学への適応感尺度　137, 138
対象者　6
対人関係スキル　12
タイムモニタリング　81
多様性　63
単元計画表　122, 161
単元テスト　122
ターゲット　27
知識観　90
知識との関連づけ　27, 49
超整理法　154
沈黙の対処法　107
低次の学習　10
ディスカッション＝イメージ尺度　137
ディスカッション＝スキル尺度　137, 138
ディベート　127
　　円形――　127
動機づけ　100, 110
等質集団　64
独断的発言　79
特別支援教育　63
友達関係　123
トークンチップス　87

な
内的一貫性　34
内発的動機づけ　73

仲間間の連絡網　70
仲間づくり　68
人間関係　90
認知と態度の同時学習　135
抜き書きの禁止　25

は
配慮　71
話し合いスキル　71, 107, 141
話し合いの基本原理　81, 82
Hallam, S.　64
Power, M.　64
Barkley, E. F.　64
PISA型読解力　11
被侵害　123
批判的思考スキル　12
批判的思考力　4
批判・評価の禁止　24, 27
評価　123
　　――と診断　81
　　――の視点　33
Hill, W. F.　3
ファシリテーション　80
フォロワー　80
不確定志向　65
不確定性　70
±15秒ルール　40
ふり返り　54, 55
Bloom, B. S.　10
ブルームの理論　10
ブレインストーミング　75
ベース　27
変化成長　13, 125, 133

ま
学び合い　5
ミラーリング　71, 72
民主・共生社会　4, 12
ミーティング　17, 37
　　――に臨む基本姿勢　39
　　――の基本　37
　　――の場所と座り方　38
　　――への関与　105
Major, C. H.　64
モニタリング　80

モニター　73

や
役割　40
　　――分担　76
安永　悟　3, 91, 120
良い行為　55
要支援児　121
予習　17, 39
　　――ノート　17, 153

ら
ラウンド＝ロビン　74
Learning Through Discussion（LTD）　3
　　――で教える授業　99, 110
　　――の環境整備　102
　　――の効果　12
　　――の構成　7, 8
　　――の目的　4
　　――話し合い学習法　i, 3, 17, 133
　　――を教える授業　99, 110
　　――過程プラン　6, 8
　　――（ミーティング用）　8
　　――（予習用）　8
　　――記録紙　103, 138
　　短縮型――　116
　　標準型――　115
　　分割型――　120
リハーサル　34
リーダー　80
Rabow, J.　3
レポートの構成　155
論理的思考　126
論理的な言語技術　12, 126

わ
話題　26
　　――の受容　27
　　――の選定　48
　　――の理解　26, 47
悪い行為　55

著者紹介

安永　悟（やすなが　さとる）
現職　久留米大学文学部・教授
学歴　九州大学大学院教育学研究科・後期博士課程修了　1985
　　　博士（教育心理学）（九州大学）1993
学会活動　初年次教育学会会長，日本協同教育学会理事
専門分野　教育心理学，社会心理学，協同教育
主要著書・論文
　『初年次教育の現状と未来』（共著）世界思想社，2013
　『活動性を高める授業づくり：協同学習のすすめ』医学書院，2012
　『読解リテラシーを育成するLTD話し合い学習法の実践』（共著）教育心理学研究，2011
　『協同学習の技法：大学教育の手引き』（監訳）ナカニシヤ出版，2009
　『心理学者，大学教育への挑戦』（共著）ナカニシヤ出版，2005
　『未知なるものに揺れる心：不確定志向性理論からみた個人差』（共訳）北大路書房，2003
連絡先　yasunaga_satoru@kurume-u.ac.jp

須藤　文（すどう　ふみ）
現職　久留米大学・非常勤講師
学歴　久留米大学大学院心理学研究科・前期博士課程修了　2010
　　　修士（心理学）（久留米大学）
学会活動　日本協同教育学会理事
専門分野　教育心理学，協同教育
主要著書・論文
　『LTD話し合い学習法を活用した授業づくり：看護学生を対象とした言語技術教育』（共著）
　　初年次教育学会誌，2014
　『読解リテラシーを育成するLTD話し合い学習法の実践』（共著）教育心理学研究，2011
連絡先　fumipara1959@royal.ocn.ne.jp

LTD 話し合い学習法

| 2014 年 10 月 10 日 | 初版第 1 刷発行 |
| 2022 年 3 月 30 日 | 初版第 5 刷発行 |

（定価はカヴァーに表示してあります）

著 者　安永　悟
　　　　須藤　文
発行者　中西　良
発行所　株式会社ナカニシヤ出版
　　〒 606-8161 京都市左京区一乗寺木ノ本町 15 番地
　　　　　　　Telephone 075-723-0111
　　　　　　　Facsimile 075-723-0095
　　　　Website http://www.nakanishiya.co.jp/
　　　　Email　iihon-ippai@nakanishiya.co.jp
　　　　　　郵便振替　01030-0-13128

装幀＝白沢　正／印刷・製本＝創栄図書印刷
Printed in Japan.
Copyright © 2014 by S. Yasunaga & F. Sudo
ISBN978-4-7795-0883-7

本書のコピー，スキャン，デジタル化等の無断複製は著作権法上での例外を除き禁じられています。本書を代行業者等の第三者に依頼してスキャンやデジタル化することはたとえ個人や家庭内での利用であっても著作権法上認められておりません。